Sehen & Erschaffen = Macht

Simone Magdalena Lulis

Sehen & Erschaffen = Macht

löwen-
stern
verlag

Bibliografische Information der Deutschen Nationalbibliothek
Die Deutsche Nationalbibliothek verzeichnet diese Publikation in der Deutschen Nationalbibliografie; detaillierte bibliografische Daten sind im Internet über http://dnb.d-nb.de abrufbar.

Umschlaggestaltung Renate Wettach unter Verwendung eines Fotos von Simone Magdalena Lulis

ISBN 978-3-945542-38-5 (Print)
E-ISBN 978-3-945542-39-2 (ePUB)

Frankfurt am Main 2020, 1. Auflage
Druck und Bindung: BoD – Books on Demand, Norderstedt

Kontakt zur Autorin: https://www.facebook.com/simone.lulis

Verlag, Redaktion, Herstellung, Design & Layout:
Renate Wettach, LöwenStern Verlag,
Weckerlinstr. 4, 65929 Frankfurt am Main
Telefon: +49 152 34332590
E-Mail: geschaeftsfuehrung@loewenstern-verlag.de
Umsatzsteuer-Identifikationsnummer gemäß
§27a Umsatzsteuergesetz: DE291558368
www.loewenstern-verlag.de

Inhaltsverzeichnis

Vorwort

21 Tage Training „Sehen & Erschaffen = Macht“

Die in diesem Buch festgehaltenen Notizen sind Aufzeichnungen aus einem Live-Training mit Simone Magdalena Lulis. Du kannst dieses Buch als Arbeitsbuch nutzen und die im Teaching empfohlenen Übungen umsetzen. Dieses Buch ist besonders geeignet für sensitive Menschen und insbesondere für Frauen. Solltest du ein Mann sein, spüre bei den Übungen zur Tiefe in der Weiblichkeit, was du in deiner von Gott gegebenen Männlichkeit dazu umsetzen möchtest.

Einleitung

Alles ist Energie, deshalb wollen wir in diesen Tagen deine Frequenz erhöhen und festigen. Wir schöpfen und erschaffen aus dem Licht des Heiligen Geistes, so werden die Stabilität und der Sog Gottes aufrecht erhalten. Zu Jesus sind die Menschen gekommen, weil er Gott war und die direkte Verbindung zu ihm hatte. Er hat es ausgestrahlt.

Wir Menschen wünschen uns alle das Zuhause in Gott zu finden und sehnen uns danach, mit der direkten Verbindung aus der Quelle selbst zu wirken. So kannst du jetzt deine Gaben leben.

Du bist hier, weil du hochsensitiv bist und einE SeherIN Gottes. Du weißt um deine Verbindung und wirst noch von Anhaftungen befreit. Diese Anhaftungen kannst du transformieren, indem du diese Macht über dich und deine Worte ergreifst und zum Beispiel den im Anhang befindlichen „Liebesbrief von Gott" auf dich beziehst, über dich aussprichst und deinen Namen einsetzt. Du sprichst ‚Ich bin-Botschaften' über dich aus, die der Wahrheit entsprechen. Du kannst alles aussprechen, was du in deinem Herzen als Wahrheit spürst. Je regelmäßiger du dies tust, desto mehr treten sie in Erscheinung. Setze die Meditation zum Goldenen Tor (diese findest du im Anschluss am 1. Tag) immer wieder um und begib dich in den Raum. Schreibe dir genau auf, was du erlebst, wenn du durch das Goldene Tor gehst.

Sorge die nächsten 21 Tage gut für dich und sei gewiss, dass der Samen aufgehen wird, sodass du alles empfängst. Du nimmst die Meditation und wirst die Übung so oft wie möglich machen, um deine Frequenz zu halten. Im Übrigen ist es dein Geburtsrecht, glücklich zu sein und du wirst alles Toxische aus deinem Gedankenleben eliminieren und durch diese Zeilen transformieren. Als Grundlage für diese 21 Tage verwende ich das Buch von Dr. Caroline Leaf ‚Wer hat mein Gehirn ausgeschaltet. Toxische Gedanken und Emotionen überwinden.' Kaufe es dir gerne und lies es begleitend.

Wir decken auf, was dich noch daran hindert, zu sehen, welche Dinge für dich bestimmt sind, und diese Erkenntnis macht dich frei. Negative Gedanken sind wie ein unangenehmer Besuch, ein Einbrecher in deinem Haus. Wir sagen „raus mit dir" und er geht. Dann klärt es sich auf und du lebst ein Leben aus der Sicht deiner inneren Verbindung zu Gott. Das wirst du entsprechend weitergeben und anziehend für die Menschen sein, so wie Jesus. Es gibt viele, die das suchen, was DU hast. Damit kannst du es, wenn du möchtest, weitergeben und individuell helfen, was bei der jeweiligen Situation der entsprechenden Person gerade dran ist. So geschieht Heilung auf allen Ebenen.

Deine

Simone Magdalena Lulis

Bonusmaterial zum Download:

Wie findest du heraus, welches deine zentralen Werte sind? Lade dir unser Bonus-PDF herunter und arbeite es durch:

Werteanalyse von Simone Magdalena Lulis

https://www.loewenstern-verlag.de/macht

1. Tag

Herzlich willkommen! Ich freue mich, dass du da bist! Hallo zum ersten Tag! Zum ersten Tag von 21 Tagen! Ich feiere dich! Ich feiere dich!

Ich möchte jetzt, dass du ein Lied abspielst. Du kennst es bestimmt, es ist das Lied von Robbie Williams: "Love my life". Du stehst dazu jetzt einfach mal auf und machst ein paar Übungen, damit du ein bisschen lockerer wirst. Es geht vor allem um die Hüften, dass du sie bewegst. Wippe ein bisschen hin und her, das macht dich noch lockerer und weicher, vor allem in den Hüften. Du kommst mit dieser Bewegung aus der Form und somit aus deiner Starre heraus. Du kannst mitsingen und mittanzen.

Diese 21 Tage sollen dir dazu dienen, dass du noch mehr empfängst. Dass du noch mehr die Verbindung zu Gott aufnimmst und noch mehr in deine Manifestationskraft kommst.

Dieses Bewegen, besonders die Hüften und die Eierstöcke, die Gebärmutter (bei den Frauen) ist die Manifestationsmöglichkeit. Damit wird dir auch bewusst, wie schön du gemacht bist. Tanz einfach mal so, wie du es fühlst, das ist wichtig für die Verbindung mit deinem Körper. Es kostet vielleicht ein bisschen Überwindung, wenn du es machst, aber es befreit dich.

Ich werde das ausweiten in den 21 Tagen, das ist für dein Unterbewusstsein wichtig. So wird dein Unterbewusstsein in eine neue Form gebracht.

Das Ziel ist jetzt, dass du dich jeden Morgen ein bisschen nach Musik bewegst, um dann einfach lockerer zu sein. Damit du lockerer durch die Gegend ziehst. Weil du ja wichtige, kraftvolle Aufgaben hast und dazu brauchst du Lockerheit. Du bist eine ganz große Seele, und du brauchst jetzt einfach noch ein paar Informationen, die dir helfen, die nächsten Schritte umzusetzen.

Und durch diesen Beginn des Morgens, 21 Tage lang, wird dein Unterbewusstsein den Samen in dir, der schon gesät ist, zum Vorschein bringen. Du bist super sensitiv. Ich spüre dich und sehe dich strahlen in Schönheit. Du hast einen Schlüssel und deshalb möchte ich heute an diesem 1. Tag eine Meditation machen. Damit du in deine Seele siehst, wie sie ist – wie von Gott gesehen – und dort hineingeführt wirst.

Und wenn diese Meditation vorbei ist, wirst du nicht mehr viel reden, das ist der Beginn für diesen Tag, und in diesem Zustand – ich nenn das mal, wenn der Heilige Geist dich berührt und dieses Licht in dich hinein strömt –, bleib in dieser Verbindung. Denn deine Seele ist erfüllt mit dieser Kraft und dieser Weisheit. Und du wirst mit dieser Kraft und dieser Weisheit dann das umsetzen, was in dich hineingelegt ist in Verbindung mit Jesus Christus.

Ja und jetzt spür auch mal deinen Körper und deinen inneren Körper und ich lade den Heiligen Geist ein: Heiliger Geist, ich danke dir, dass du in der Atmosphäre bist und du die Atmosphäre bestimmst und ich bitte Jesus, dass jetzt die Engel kommen zu dir, um den Raum und die Leichtigkeit zu bringen.

Und da, wo du bist, ist Gott selbst, die Quelle bei dir. Das wird jetzt schon vorbereitet bei dir, denn du hast deinen eigenen Weg. Es geht nicht um mich, sondern darum, dass du dich entwickelst und das zum Vorschein kommt, indem du es einfach anziehst. Und dieses Wunder ist das, was du noch nicht siehst, weil noch ein Schleier davor ist. Sehr viele Seelen warten auf dich. Du suchst jetzt schon sehr lange und du bist jetzt bereit.

Du kannst – wenn du magst – deine Augen schließen, oder du lässt sie einfach geöffnet, und spür jetzt mal deinen inneren Körper.

Meditation: Goldenes Tor

Ich lade dich jetzt ein, dich bequem hinzusetzen, an einen Ort, wo du dich wohlfühlst. Du kannst deine Augen offen halten oder geschlossen.

Lenke deinen Fokus auf deinen Atem. Während du atmest, lade ich dich ein, dass du dir eine Treppe vorstellst. Sie ist wunderschön. Du gehst diese Treppe hinunter. Nun begibst du dich auf die Linie deines Lebens und gehst auf ein Goldenes Tor zu. Du gehst durch dieses Goldene Tor und in einen neuen Raum hinein. Schau mal, was dich dort empfängt, und fühle in dein Herz hinein. Spür mal die Energie in diesem Raum. Hier ist kein Platz für fremde Energien. Nur du, deine Essenz, ist in diesem Raum, wenn du durch das Goldene Tor gehst.

Vielleicht siehst du Menschen, Gestalten, Wesenheiten ...

Und du siehst Worte ..., hörst Worte ...

Schau mal, wer du bist, wenn du ganz verbunden bist mit deiner Essenz und Gottes Essenz ..., ohne Masken.

Wer bist du?

Wo befindest du dich?

Was ist um dich herum?

Wie fühlst du dich? Kraftvoll? Verletzlich? Ganz frei?

Kannst du in diesem Raum sein?

Ist es eher ein abgeschlossener Raum oder ist er unendlich?

Fühle in dich hinein!

Ohne Masken!

Nur du!

(Du kannst gerne eine Pause machen und es noch genießen ...)

Höre und spüre, was deine Berufung ist, und schreibe es dir auf!

Nun geh durch dieses Goldene Tor auf deiner Zeitlinie wieder zu dieser Treppe und schau, was dir auf dem Weg zur Treppe begegnet und was du hörst! Vielleicht siehst du auch etwas!

Gehe die Treppe wieder aufwärts: mit dem Bewusstsein, dass dieses Goldene Tor in dir ist.

Abschluss:

Nimm den Zustand, den du dort erlebt hast, mit.

Komm wieder an bei dir. Geh die Treppe wieder rauf und spür dich mal. Bewege deine Schultern und deine Hände und klatsch mal in deine Hände, erkenne, dass du jetzt wieder in diesem

Augenblick bist mit dem Bewusstsein, wer du bist, dass dieses Goldene Tor in dir ist.

Dieser Zustand, diese Leichtigkeit und diese Freude, wie hast du es erlebt? Konntest du mitgehen?

Diese Leichtigkeit und diese Freude, diese Verletzlichkeit und diese Sanftheit, die ist es, die dir dein Glück und deine Fülle bringen wird. Die dich in den Zustand des Empfangens bringt. Die dich empfangen lässt und dieser Heilige Geist, der dich bewegt, mit dem Bewusstsein, dass alles eins ist. Aus diesem Zustand empfängst du und es ist leicht.

Und in diesem Zustand, in dem du bist, spürst du auch, wenn etwas auf dich zukommt, was nicht dem entspricht, ebenso was dem widerspricht, und du darfst dir bewusst sein, dass du die Herzen der Menschen erreichen wirst, weil sie darauf warten, wenn du durch dieses Goldene Tor gehst und dich auftankst, und wenn du zurück gehst zu dieser Treppe, nimmst du es mit. Du kannst jederzeit dort wieder hingehen und dort bleiben. Aus dieser Ebene kommunizierst du, erschaffst du und hast alles Wissen. Das Einzige, was ich hier tue, ist, dich zu erinnern, um dir zu helfen, welche Schritte jetzt dran sind. Zu helfen, dass der Schleier, wo auch immer deine Seele sich jetzt hin bewegt in deinem Körper, vielleicht in die Politik, vielleicht in eine Ausbildung als SeherIN, HeilerIN oder Medium. Vielleicht eine Seele, die vor Millionen von Menschen steht, weil sie einfach ist, und auf diese Weise wirkt, weil es einfach ist. Die Sprache der Zukunft ist die Sprache des Herzens und du schaffst es, durch Sehen und Erschaffen in die Macht zu kommen. Und die Macht ist dieser Geist Gottes.

Macht. Was macht das Wort Macht mit dir? Ja, du darfst dich freuen und frei sein, denn du bringst das auf diese Erde.

Wir wissen noch nicht, was in den 21 Tagen geschieht, denn es ist deine Verbindung mit Gott selbst. Aus der Schöpfung. Du wirst noch sensibler. Und aus dieser Sensitivität gehst du deine Wege dorthin. Und wenn du in eine Ebene kommst, die niedrig schwingend ist, dann bist du es, der die Schwingung erhöht und damit empfängst du! Ich sehe, dass du einen Schlüssel bekommst mit einer Schriftrolle, wo vermerkt ist, was die nächsten Schritte sind, und aus dieser hohen Energie wirst auch du sprechen. Diese hohe Energie wird die Menschen berühren und dann ist alles ganz leicht.

Ich möchte, dass du 21 Tage mitmachst – auch wenn es triggert – deine Seele hat sich entschieden. Jetzt kommt die neue Ebene. Mach mit, sei dabei! Ich möchte dich einladen, dass du jetzt gleich 1 bis 3 Punkte, deine 3 Perlen, aufschreibst, was du in dieser Meditation erlebt hast. Denn wenn du es nochmal schriftlich aufführst, festigst du es noch einmal. Das ist der Einstieg. Das ist ein ganz heiliger Raum hier, dieses Goldene Tor ...

Bis morgen!

2. Tag

Guten Morgen! Auch heute möchte ich, dass du dich ein bisschen bewegst. Hol dir dazu gerne die Inspirationen von Tag eins und wähle Musik aus, zu der du gut tanzen kannst.

Nun gibt es ein bisschen Lehreinheit:

Es dient zu deiner Weiterentwicklung, das heißt, dass du tatsächlich mehr Informationen bekommst und einfach auch noch stabiler wirst in deiner ganzen Entwicklung. Diese ganzen Informationen kannst du in dein Unterbewusstsein und deine Kommunikation einbauen und du wirst dadurch noch viel kraftvoller werden. Du wirst ein Sog werden. Du wirst wie Jesus werden.

Suche dir ein Seelenbild heraus oder mehrere. Frage Gott: Gott, wie siehst du mich? Und höre, welches Wort du bekommst. Wenn du dir das Bild heraussuchst, geh in deine Vorstellungskraft und dann auf eine Internetseite, z. B. pixabay.com und dort gibst du das Wort ein, das du bekommen hast. Dann suchst du so lange, bis du etwas Entsprechendes gefunden hast, das dich im Herzen berührt.

Also, es geht ja darum: Das Ziel ist, dass du diese Stärke noch mehr entwickelst und wie das bei einer Ausbildung ist, Informationen erhältst, die du auch für dich nutzen und einbauen kannst. Und ich lehne das an Dr. Leaf an, von der ich das teilweise übernehme, das mit dem übereinstimmt, was ich lehre (was ja Sinn macht).

Warum gibt es das Wort Gottes überhaupt? Das Wort Gottes ist dafür da, dass wir unsere Sinne erneuern, dass wir Fokus und Kraft bekommen. Deine Seele ist hier, um sich auszudehnen und um zu manifestieren, und sie ist hier, um diese Liebe, das Feuer von Gott selbst, zu entfachen, um zu wachsen, aufzustehen und zu tun. Wenn deine Seele durch dein Denken blockiert wird, dann zeigt sich das, indem du vielleicht sogar krank wirst oder müde. Der Müdigkeit kannst du entgegentreten, indem du tanzt.

Heute erhältst du eine zweite Version der „Goldenen Tor"-Meditation

Leg deine Hand auf dein Herz, und gehe wieder durch das Goldene Tor. Nimm die Verbindung auf mit der Quelle und stell dir vor, wie so ein helles Licht in dich hinein strömt, wie Gnade in dich hinein strömt, dass deine Seele durchdrungen wird mit dem Geist Gottes, mit Offenbarung und mit Weisheit. Spür mal jetzt, wie die Gnade in dich hineinströmt. Heute möchte ich dich einladen, dass du einfach jetzt deinen inneren Körper, deinen Körper spürst ...

Dass du ganz frei wirst ...

Von all den Masken und den Programmen ...

Stell dir vor, wer du bist, ohne deine Geschichten ...

Und schau mal, was da für ein Wort kommt ...

Hör mal ... wer bist du?

Wer bist du, ohne Gedanken und ohne Geschichten?

Wer bist du?

Wer bist du, ... ohne Gedanken und ohne Geschichten?

Wer bist du?

Und erkenne an, dass du alles selbst kreierst. Alles, was du im Außen siehst, hast du als wahr abgekauft, und dort, wo du deine Aufmerksamkeit hin lenkst, das verstärkst du.

Lass mal die Gnade Gottes ganz in deine Seele einströmen und spür mal deinen inneren Körper ...

Und wer oder was bist du ohne deine Gedanken und ohne deine Geschichten?

Spür dich!

Lerne dich kennen!

Lerne dich kennen, ohne Programme und ohne Geschichten ...

Und lass mal die Weisheit in dir Platz nehmen in deinem Herzen ...

In deiner Liebe ...

Und lass mal die Schwere los ...

Stell dir vor, du hast alle Widerstände zusammen und sie gehen in einen tiefen Kern der Erde ...

Stell dir einfach vor, dass du all die Mauern um dich nieder reißt ... dass du sie ablegst ...

Du bist sicher, du wirst nicht mehr abgelehnt, du wirst nicht mehr ausgelacht. Wir sind hier in einem heiligen Raum und dein ganzes Potential kommt hier zum Vorschein!

Neue Eindrücke und neue Ideen, damit du für all die Seelen, die auf dich warten, jetzt empfänglich wirst, damit du sie empfangen kannst, um die Welt zu einem schöneren Ort zu machen.

Ohne Bewertung, einfach bewusst sein, dass Gott dir jetzt Menschen schickt und Seelen, die Hilfe brauchen, die du erinnern willst ...

Weil es deine Aufgabe ist, aus der Liebe ...

Spür mal ...

Stell dir vor, wie auch aus der Erde das Erdmagma, die Vulkanerde, wie das in deine Füße strömt ...

Diese Energie ...

Stell dir vor, wie aus dem Inneren der Erde, diese Energie in deine Füße hineinströmt ...

Und Licht, welches in deinen Kopf hineinströmt und was aus der Erde kommt, das trifft sich in dir in deinem Bauch, wo der Geist sitzt ...

Schau mal, vielleicht hast du Geschichten, Ideen und Gedanken aus der Vergangenheit ...

Das ist nicht die Wahrheit.

Dann spür nochmal die innere Essenz von deinem Körper ...

Aus diesem State kannst du erschaffen, indem du schaust, was jetzt kommt ...

Und jetzt stell die Frage: Was ist der nächste Schritt? Was ist der nächste Schritt? Was ist der nächste Schritt?

Was ist der nächste Schritt? Gott, Heiliger Geist und Jesus, ich lade euch ein, dass die Räume jetzt bei dir in diesem Licht geklärt werden ...

Dass du deine Offenbarung bekommst ...

Dass der Geist der Offenbarung kommt, um dich die Zusammenhänge erkennen zu lassen ...

Welche Schritte gegangen werden müssen ...

Um die Welt zu einem besseren, schöneren Ort zu gestalten aus der Sicht Gottes ...

Und jetzt lade ich dich ein: Atme nochmal dreimal in deinen Körper ein und aus ...

Frage dich: Wer oder was bin ich ohne Gedanken und ohne Geschichten?

Dreimal ein- und ausatmen ...

Genau ...

Sehr schön.

Geister unterscheiden

Heute möchte ich nochmal was zum Thema ‚Geister unterscheiden' sagen.

Und zwar beschreibt das ja das Denken. Denken, das sind elektrische Impulse. Jesus hat dazu gesagt: Ihr braucht nicht sagen, was ihr denkt, denn ich weiß es eh. Jeder Gedanke ist ein elektrischer Impuls und der geht in die Atmosphäre. Deine Unbewusstheit nimmt es an und denkt, dass es dein Gedanke ist. Denn wenn du ihn entsprechend formst, also wenn dein Inneres sagt: Ja, den Gedanken nehme ich an, dann festigt sich das in deinem Körper, weil du entsprechende Handlungen vornimmst.

In der Reihenfolge: Gedanke – Gefühl dazu – entsprechendes Tun.

Und ganz besonders Hochsensitive sind sehr anfällig, weil Geister überall sind ...

Alles ist Geist und jeder Mensch – das unterscheidet uns ja auch von Tieren – denkt aktiv. Aus diesem Grunde gehen viele Hochsensitive sehr gerne in die Natur. Und wenn du die Fähigkeit hast, dies zu erkennen, aus diesem Ruhe-Modus, wenn du heute mal rausgehst, beobachte mal, bleib mal in deinem Ruhemodus und in deiner Essenz und gehe mal unter Menschen, mit dem Bewusstsein, dass die alle, also die Masse der Menschen, eher noch unbewusst denkt und handelt.

Halte das mal aus. Setz dich einfach mal in ein Café, wo viele Menschen sind und beobachte einfach mal, welche Eindrücke du hast. Und genau darum geht's! Dass du das erkennst und im Sturm stehst, weil du der Sturm bist. Du bleibst mit dir verbunden. Mit dieser Kraft, weil unser Körper so ausgelegt ist. Und das hat Jesus auch gesagt: Das ist das Evangelium der Gedankenerneuerung. So heißt es auch: ‚Die gute Nachricht' – Du erkennst immer mehr, und deshalb kannst du in der Masse mit deinem neuen Bewusstsein bestehen.

Dieses Übernehmen der Frequenzen von den anderen Menschen verändert deine Zellen, weil ein Botenstoff, je nachdem wie du denkst und was du übernimmst, wenn das negativ ist, strömt dies sofort über Impulse im Hirn als chemische Substanz in deinen Körper und produziert niedrige Schwingung, also Angst.

Deshalb bewerte nicht. Denn wenn du eine Bewertung machst, d. h. wenn du anderen das abkaufst, dann kaufst du das Negative mit ab und schadest dir selbst. Deshalb sagt Jesus auch: Richte nicht, damit dir nicht gerichtet wird. (Matthäus 7,1)

Erkenne immer die geistigen Prinzipien darin, die Jesus unterrichtet hat, weil Gott Geist ist. Und wenn du jetzt erkennst, dass du, wenn du etwas von anderen abkaufst und als deins nimmst, du Botenstoffe in deine Zellen aussendest und dich damit in ein Ungleichgewicht bringst. Du bist auch Licht, eine Schwingung. Du vibrierst. Jede Zelle ist einzeln für sich, deshalb kannst du auch mit jeder einzelnen Zelle sprechen, in der Liebe.

Und das Geheimnis daran ist, das verrate ich dir jetzt, du bist geboren, um nur glücklich zu sein! Um nur hohe Schwingung zu haben. Die hohe Schwingung ist Freude, Glück und Liebe!

Und wenn du das immer mehr anerkennst, was ja auch das Gesetz der Anziehung sagt, dann schaffst du es auch immer mehr, diese Schwingung zu halten, wie es auch Dr. Leaf in ihrem Buch sehr wunderbar beschreibt. Du darfst dieses Wissen ruhig übernehmen, falls du auch Menschen trainieren wirst.

Du wirst Menschen nochmal auf einer anderen Ebene abholen, weil das Gesetz der Anziehung beruht ja darauf: Was du in deinen Zellen ausstrahlst, das ziehst du in dein Leben.

So. Und dieses Geheimnis ist, dass du dazu geboren bist, um dich wohl zu fühlen. Und dieses dreckige Dutzend (das erklär ich später noch), das bei dir einziehen will, das erlaubst du, wenn du es für dich abkaufst und aus diesem Frieden rausgehst. Und du darfst kommunizieren, wenn jemand dir gegenüber noch nicht bewusst ist. Dann sagst du: Ich hab‘s kapiert, ich hab‘s verstanden, ich hab mich da weitergebildet und kann da nicht mehr mit dir darüber reden, damit die Atmosphäre nicht noch mehr verpestet ist.

Stell dir vor, du würdest das alles sehen, was die Gedanken verursachen, insbesondere die niedrig schwingenden, diese Vibration, wie dreckig die Atmosphäre wäre. Und darin befinden wir uns. Die Gedanken, die du denkst und die dann aus deinem Körper ausstrahlen, die beeinflussen ja wiederum im Außen entsprechend die Atome und Moleküle und ziehen das in dein Leben. Daher ist es immer sinnvoll, natürlich erst einmal darauf zu achten, wie du dich fühlst. Was ziehst du gerade an? Und was entwickelst du gerade?

Gedanken sind chemische Prozesse, die du entsprechend in deinem Körper auslöst. Das betrifft die verschiedenen Organe natürlich auch. Das ist der psychosomatische Zusammenhang. Alles hängt zusammen. Alles macht Sinn. Und jetzt frag dich mal in deinem Leben: Vielleicht kommen jetzt Gedanken hoch, die die Vergangenheit betreffen?

Schreib sie dir auf, betrachte sie und dreh sie ins Gegenteil, wenn du die Erkenntnis bekommst, was du alles abgekauft hast in deinem Leben.

Weißt du, der ein oder andere kennt das vielleicht schon: Gott ist immer gleich, denn Gott ist Geist, immer gleich. Er funktioniert immer auf die gleiche Weise. Das ist der Spruch: Gott ist treu. Gedanken lösen chemische Stoffe aus und senden sie durch deinen Körper.

Deine Aufgabe ist heute: Spüre dich innerlich weiter!

Denn wenn du jetzt mit deinen Klienten/Klientinnen zusammen bist oder mit den Menschen, mit denen du im Kontakt bist, dann kannst du das erklären. Vor allen Dingen wirst du die Menschen fühlen. Du wirst spüren, was derjenige denkt und was er damit ausstrahlt. Deine Reaktion darauf ist immer LIEBE. Immer Liebe. Immer Liebe. Deine Reaktion ist immer Liebe. Wohlfühlen. In dich spüren. Wenn jemand etwas sagt, was dich nicht wohlfühlen lässt! Und deswegen ist das auch das Geheimnis. Wenn du mit deiner Seher-Fähigkeit dein Unternehmen aufbauen möchtest, sprich immer den Funken im Gegenüber an, der Wohlgefühl auslöst. Weil Gottes Funke weiß, dass er hier ist, um sich wohl zu fühlen. Macht das Sinn?

Und deswegen, wenn du mit deinen Fähigkeiten als SeherIN sprichst mit deinem Gegenüber, sprich in dieser Ermutigung und in dieser Auferbauung, weil das die Wahrheit ist. Dann sprichst du von Herz zu Herz. Sie spüren den Sog der Schöpfung aus Gott selbst, aus dir! Alles andere ist eine Lüge! Andere Gedanken, die negativ sind, sind fremd. Unser Geburtsrecht ist es, glücklich zu sein, froh zu sein und uns wohl zu fühlen. Das ist der Heilige Geist, der in dir lebt, durch Jesus. Verbinde dich mit ihm.

Deine Aufgabe für heute: Geh unter Menschen. Und bevor du losgehst, spür deine Wärme und Weichheit, dann geh raus, ohne Bewertung. Geh einfach raus und spür einfach mal! Das kannst du auch in deiner Familie machen, mit deinen Kindern, und dann schreibst du wieder deine 3 Perlen auf, von dem, was du heute erlebt hast.

Also ich wünsche dir einen ganz tollen Tag!

3. Tag

Guten Morgen! Bist du bereit dich zu bewegen? Steh mal auf und fang an.

Bewege deine Hüften ... Der Unterkörper darf locker und frei sein ...

Schüttle dich, damit du freier wirst, damit die Energie gleich fließt ...

Du kannst auch beim Tanzen die „Ich bin"-Sätze sprechen ...

Wenn euch jemand fragt, wer du bist, dann sagst du: ICH BIN ... ok?

Mit der Schöpfung verbinden

So, dann fange ich mal an, denn ich habe heute einen ganz bestimmten Wunsch. Heute habe ich noch mal den ganz besonderen Wunsch, auf den Körper einzugehen.

Jetzt fang mal an, dich zu verbinden, dass du dich mit der Schöpfung rückverbindest. Und mit der Quelle, dass du einfach wieder deinen Körper spürst, deinen inneren Körper.

Und spüre wieder deinen inneren Körper und sei dir bewusst, dass im Außen, sobald du deine Augen aufmachst, wie in einer Kamera ein Film läuft, der nur das projiziert, was in dir ist.

Was will deine Seele noch lernen?

Will sie noch was lernen?

Was glaubt sie noch?

Was glaubt deine Seele noch? Im Außen? Wo hängt sie noch?

Wo darf sie sich noch mehr hingeben, so wie die Magdalena sich dem Jesus hingegeben hat und dem Bewusstsein, dass es Gott gibt, dass er in dir existiert, dass du ganz sicher bist?

Wenn du dich füllst mit der Liebe. Wenn du deine Augen gleich wieder öffnest und das Schöne siehst?

Spür mal deinen inneren Körper ...

Spür mal die Wärme ...

Spür mal wieder die Wärme ...

Vielleicht siehst du ein Licht?

Wie sieht deine Seele aus?

Dass sich dir die Seele mal zeigt ...

Der Geist strömt jetzt in dich hinein ...

Geist ist alles und die Quelle ...

Geh raus aus deinem Körper direkt zur Quelle ...

So wie der ‚Ich bin der Ich bin' ...

So wie Mose gesagt bekommen hat: Ich bin so hell, keiner kann mich sehen.

Deswegen soll man sich auch keine Bilder machen von einem weißen Mann oder einem Mann mit einem weißen Bart.

Gott ist Licht ... Gott ist Energie ...

Fühl mal deinen inneren Körper ...

Stell dir mal vor, wir unterhalten uns jetzt von Himmel zu Himmel. Wir wissen jetzt, dass wir aus der Energie leben, das ist Geist, dass wir jetzt spüren ... dass wir UNS spüren ...

Stell dir vor, uns trennt nichts mehr ... wir sind jetzt alle zusammen ... wir spüren uns ...

Das ist die Zukunft! Mit dem Bewusstsein, dass du und wir alle aus dieser Quelle, dass wir aus dieser Essenz sind.

Dass du dich diese 21 Tage auflädst ...

Dass du dir immer bewusster wirst, wie die Menschen funktionieren, damit du weißt, wie dein Körper funktioniert ...

Damit du weißt, was Geist ist ...

Damit du manifestieren kannst, aus der Verbindung mit der Quelle selbst ...

Damit du frei wirst von all den Menschen, die eher unbewusst sind und du dich als HeilerIN anerkennst.

Spür jetzt nochmal, wie dieses Licht der Gnade in dich hineinströmt ...

Komm mal ins Fühlen ...

Erlaub dir das ...

Du bist jetzt in Sicherheit ...

Niemand verurteilt dich ...

Wir müssen die Bibel geistlich sehen als Christ, als Reinheit, als Klarheit ...

Als Raum, wo Gott ist und er ist in dir ...

Spür mal rein und hör mal hin und geh auch immer wieder durch das Goldene Tor zwischendrin ...

Du wirst immer noch sensitiver und dafür ist dieser Raum hier ...

Der Heilige Raum, der dich erfüllt mit Geist ...

Geist ist überall. Selbst du bist zusammengesetzt aus Atomen und Molekülen und jede einzelne Zelle vibriert für sich. Du bist aus einem Bausteinkasten zusammengebaut.

Das ist auch Heilung ... Jede Zelle kann aktiviert werden zur Erneuerung ...

Und stell dir vor, wie du zusammengesetzt bist aus einem Baukasten und deine Seele weiß das, denn deine Seele ist feinstofflich.

Spür mal deine Seele und auch dein Gehirn ...

Dein Gehirn ist ein Empfänger ... es ist so grandios hergestellt, es ist eine Antenne.

Dein Gehirn ist die Antenne ... dein Gehirn hat Hormone ... die werden ausgeschüttet ...

Das sind Frequenzen, die bei dir ankommen ...

Niedrig schwingende von Menschen, die voller Wut und Hass sind ...

Oder hochschwingende, freudige, die Christus benennt als: Meine Schafe hören meine Stimme.

Und fühl da mal rein, wenn du so die Bibel liest, wenn du schon mit Religion erzogen wurdest, dann betrachte sie jetzt neu nach diesen Vorgaben, nach dem Gesetz der Anziehung, nicht nach Buchstaben.

Der Heilige Geist strömt in dich ... Gottes Geist ... und du bekommst Weisheit und Führung ...

Und wir unterhalten uns jetzt von Himmel zu Himmel und das ist so wichtig für deine Meisterschaften, weil du Meister ausbilden wirst ...

Alle Seelen, die zu dir kommen, sind Meister, sind ganz hohe Seelen ...

Gott möchte jetzt zu dieser Zeit eine Armee bilden ... und wir sind die Magdalenas.

Du bist die Magdalena, die hingegeben ist, die diese Kraft lebt.

Und weißt du, ich möchte dich informieren, und stell dir jetzt mal vor, wir unterhalten uns jetzt von Himmel zu Himmel ...

Du bist im Himmel und ich bin im Himmel, wir sitzen beide auf einer Wolke und jetzt sage ich dir, wie die Welt funktioniert. Ohne Gedanken und ohne Geschichten fühlst du nur. Und ich sage dir, wie mächtig deine Gedanken sind, die in die Atmosphäre gehen. Und du weißt das. Wenn heute diese Einheit beendet ist, wirst du so durch die Welt gehen und so mit Menschen sprechen. Gefüllt mit dieser Gnade und dem Bewusstsein, dass du ein unendliches Wesen bist, auserwählt von Gott selbst, von der Quelle des Lebens, um zu hören und um zu sehen und um es weiterzugeben.

Und Stress, das ist eine Unausgeglichenheit von Frequenzen in deinem Körper. Wenn du Negativität abkaufst von jemandem, dann verankert sich das in deinen Zellen. Das heißt in dem Moment, wo du zustimmst oder wo du ja dazu sagst, lässt du es in dich hinein. Du als MeisterIN und LeaderIN wirst jetzt abchecken und spüren, was da an Frequenz bei dir ankommt, bevor du sprichst.

Es gibt eine ganz bekannte Bibelstelle in Jesaja. Da schickt Gott die Engel und sie berühren die Lippen, dass nur noch Worte herauskommen von Gott. Und damit ist die Schwingung von Gott gemeint (Jesaja 6,7). Und die verändert. Das spüren die Menschen, die du begleitest, weil sie spüren, dass du aus dieser Quelle Gottes sprichst. Du bist genauso einE MeisterIN wie ich.

Das ist, wie wenn du Fremdsprachen kannst. Du lernst englisch und spanisch und französisch und du weißt, es gibt nur diese Art, mit jemandem in Kontakt zu kommen. Und so ist das gemeint mit diesen Geistern. Ja, du spürst und lernst jetzt die Sprache des Himmels.

Du wirst Informationen bekommen und dann aus dir heraus wirken, im Fokus, dass Gott aus dir wirkt, mit seinem Funken aus deinem Herzen.

Und das Wichtige ist, diesen Geist zu haben über die Seele. Die meisten Menschen wissen gar nicht, dass es diese Trennung gibt und Jesus hat gesagt: Ich bin ein Schwert und trenne Geist und Seele. Und wenn deine Seele noch sehr verletzt ist, dann steuert sie dich! Wenn jemand andauernd negativ denkt, dann ist er sehr verpestet, dann sind ganz viele toxische Schwingungen in ihm und die müssen raus. Dein Ziel sollte sein, dass du diesen Funken in ihm ansprichst, damit das wieder aktiviert wird. Das ist auch Heilung.

Und um nochmal auf deinen Körper zu kommen. Er ist ein Baukasten aus Zellen. Du kannst in bestimmte Ebenen hinein sprechen, weil das zusammengesetzt ist. Und dann sprichst du da mal hin und sagst: „Zellen, ihr setzt euch jetzt mal wieder in Gottes Ordnung! Alles Toxische geht." Und so ist es auch mit deinem Geist. Die Stärke von uns in meiner Ausbildung ist, dass du nur erscheinst, und du veränderst schon die Atmosphäre und das gilt auch für die, die jetzt in die Öffentlichkeit gehen und die ersten Kontakte haben.

Du bist. Denk immer an deine Essenz. Und die Masse der Menschen lässt immer diesen Stress zu, also wird immer Kortisol ausgeschüttet und dementsprechend sind sie auf Hochtouren. Und dann sind sie toxisch. Deswegen sind viele Menschen auch dick. Weil es dieses Stressfett gibt.

Jesus hat gesagt: Mein Volk wird umkommen aufgrund Mangel an Erkenntnis (Hosea 4,6).

Du bist nicht da, um den Menschen aus einem Helfersyndrom heraus zu helfen und aus Minderwertigkeit, die du selber hast, die übrigens die Kirche ausgelöst hat, dadurch dass sie immer wieder dieses Schuldthema aktiviert und am Leben hält und weiterhin dort hineinführt. Sie halten die kleinen Kinder in dir und anderen klein, und damit kommen sie in diese Dienerschaft. Das heißt, wenn ich schön diene, wird mir meine Schuld genommen. Die Wahrheit ist: du dienst nur DIR, indem du erkennst, was Gott in dich hineingelegt hat und diese Offenbarung dir schenkt, damit du erkennst, dass du ein Genie bist.

Und die Weisheit bekommst du in der Verbindung mit Gott. Diese Weisheit gibt dir der Heilige Geist in dir.

Und das ist auch das Prinzip unseres Körpers: Wenn alles Schwingung ist, alles ist eine Frequenz, das Dämonische ist auch eine Frequenz, wie wenn deine Seele aus diesem Körper geht, dann gehst du wieder in diese Atmosphäre und dann zeigt es sich, welche Bewusstseinsebene du hast. Also es geht darum, dass du in eine Schwingung kommst, dass du gar nichts mehr tun musst, weil wenn du doch mit Gott verbunden bist, ziehst du alle Moleküle und alle Atome an. Und das macht dich attraktiv und das heilt die Menschen und dich auch und jeden.

Du musst es dir vorstellen, immer wieder. Du bist hier auf der Erde, kommst auf die Welt, bist hier, um dich wohlzufühlen und den Frieden in dir zu haben. Sobald du spürst, dass du etwas denkst, was negativ ist, kaufst du etwas ab oder hast halt noch etwas in dir, was nicht von Gott ist. Und deswegen ist es so wichtig, jetzt jeden Tag diese Berührung mit dieser Schwingung zu haben. Wenn du das genau nachlesen magst, kauf dir das Buch von Dr. Leaf. Sei in dir sicher, wer du bist, und die Menschen werden das spüren und kommen. Vertraue, dass es so ist, weil das ist ja von Gott und somit von ihm gelenkt. Und was er für dich will, will er natürlich auch für die anderen. Gott lenkt das.

Nochmal zum negativen Stress. Du kennst das sicher: Erhöhter Puls, Gefühl der Nervosität, Überschwemmung mit chemischen Substanzen, die dich schädigen und verheerende Auswirkungen auf deinen Körper haben. Ganz oben auf der Liste stehen Feindseligkeit und Zorn. Und alles letztlich ausgelöst von deinen Gedanken. Stress wird dann zu einem ernsthaften Problem, wenn er über das vorübergehende Maß hinausgeht. Stress wird letztlich durch Angst ausgelöst. Angst löst mehr als 1 400 körperliche und chemische Reaktionen aus. Diese aktivieren wiederum mehr als 30 verschiedene Hormone und Neurotransmitter, die den Körper in einen rasenden Zustand versetzen.

Unser Organsystem hat einen großen Einfluss auf unsere Psyche, das Immunsystem, dein Herz und dein Verdauungssystem. In der Bibel (Sprüche 4,23) steht: Mehr als alles andere behüte dein Herz. Es ist die Quelle des Lebens.

Die Auswirkungen durch Krankheiten brauche ich glaube ich nicht weiter zu beschreiben.

Erkenntnis und Verständnis geben dir schlicht und einfach die Werkzeuge in die Hand, die du brauchst, um toxische Gedanken und Emotionen auszukehren.

Was du brauchst, ist Feuer. Feuer, das in dir entfacht, entzündet wird. Feuer ist positive Energie, ist Wärme, treibt an. Eisenbahnen etc. wurden und werden mit Feuer angetrieben. Feuer, positiver Stress, Begeisterung, LIEBE ist auch dein Antrieb.

Deine Seele wartet darauf, durch Feuer erweckt zu werden und dann zu tun, was sie mitbekommen hat. Das ist dein Job. Dein Job ist, dass du das zulässt. Und je mehr Informationen du noch bekommst, desto mehr wirst du zu einer außergewöhnlichen Weisheit gelangen. Und das spüren die Menschen. Du kannst sie abholen, wo sie sind. Die meisten Menschen kennen diese biblischen Grundlagen nicht und sind gefangen und belastet mit Religionen und befinden sich noch in Strukturen. Deshalb ist es oft schwierig, sie zu erreichen. Deshalb eliminiere alles, was deinem Körper entgegenwirkt, was deinen Körper schädigt. Schau nur auf Situationen, die dir Frieden und Wohlgefühl vermitteln. Deshalb sind diese 21 Tage so wichtig. Es ist wichtig, dass du dich darauf ausrichtest.

Und wundere dich nicht, wenn etwas oder jemand dann abgelehnt wird – die Schwingung – es passt nicht mehr, es wird abgestoßen. Weißt du, menschlich gesehen haben wir Beziehungsmuster, die auch nicht Gott gewollt sind, die auf Angst aufgebaut sind, und das funktioniert auf der geistlichen Ebene. Und das sag ich auch, wenn beispielsweise Ehen existieren, die gar nicht von Gott gewollt sind, sondern auf Angst aufbauen. Und wenn ein Partner nicht mitmacht, dann kannst du entscheiden, ob du im Stressmodus bleibst und immer wieder diese Schwingung annimmst oder du entscheidest dich – innerlich erstmal – dass du glücklich sein willst.

Damit dein Stress im Außen weg ist, ignorierst du deinen Stressmodus, und deswegen lernst du auch in diesem mentalen Training, dir das vorzustellen. Du bringst dich dadurch sofort in einen Zustand der Wahrheit und der Wahrhaftigkeit und dann ziehst du es an – das Neue.

Wenn du das alles bedenkst, erkennst und weißt, wirst du erkennen, dass damit das Gesundheitssystem transformiert werden wird. Es wird Heilung auf einer ganz anderen Ebene stattfinden. Du bist durch dein Wissen ein Profi. Also, das Wichtigste für heute: Deine toxischen Gedanken erkennen und auskehren und damit Stress entfernen, Gesundheit erlangen und erhalten. Dein Körper ist der Heilige Tempel, zusammengesetzt aus Zellen, die dich tragen. Deine Seele ist in diesem Körper. Du brauchst den Körper, um zu wirken.

Deshalb: Fürchte dich nicht! Schreibe deine 3 Perlen auf!

Spüre und meditiere.

Wie fühlst du dich?

Was nimmst du wahr?

Nimm ein Buch in die Hand und schreibe es auf.

Einen schönen Tag dir!

4. Tag

Guten Morgen! Tanz heute wieder!

Und schön die Hüften bewegen, damit das wieder mal alles ins Fließen kommt, der Körper muss mitmachen! Liebe dich mal selbst, erkenne dich in deinem Körper. Du bist die Seele in diesem Körper und dein Körper ist wichtig für dich. Durch diesen Körper hast du die Möglichkeit, dein Traumleben zu leben. Wichtig ist, dass du aus der Materie gehst, in der du momentan gefangen bist. Du bist an einem Tor des Denkens von gestern und jetzt gehst du in die neue Materie und du tanzt dich da hin. Deswegen ist das Tanzen so wichtig, dadurch wirst du freier. Und wenn du tanzt, dann denkst du nicht. Spüre auch mal, was da für Ideen kommen.

Gedanken sind elektrische Impulse, verändern die Materie, und die sind mächtig. Wir reden oft auch viel zu viel und das geht ja auch in die Materie, deshalb müssen wir auf unser Wort achten!

Gestern haben wir uns darüber unterhalten, was toxisches Denken und toxischer Stress ist und ich möchte dich einfach nochmal sensibilisieren, dass du dich selbst managst. Alles was du denkst, löst in deinem Körper etwas aus, in deinen Organen. Dein Immunsystem fängt an, sich durch dein negatives Denken selbst zu zerstören, indem es das für wahr abkauft und dir glaubt. Dein Unterbewusstsein funktioniert ja auch so, dass alles, was du selber sagst über jemanden anderen, dass du das bist, denn wir sind alle eine Materie, wir sind alle eins.

Komm jetzt einmal bei dir an. Wir Menschen sprechen oft viel zu viel. Nun möchtest du ja dein Bewusstsein schärfen und dich für die neue Zeit vorbereiten. Jedes Wort entsteht aus deinen Gedanken und erschafft. Du aktivierst durch deine Gefühle, die dein Denken auslösen, sofort deine Welt. Deswegen ist es so unglaublich wichtig, dass du in dich spürst, bevor du etwas sagst. Gestern hatte ich von Jesaja erzählt. Es ist so: wir dürfen das nicht wortwörtlich aussprechen, denn Gott ist ja Geist. Dein ganzes Wesen hat eine Ausstrahlung, man spürt dich. Und stell dir vor, du würdest jetzt mal alle deine Bewertungen und deine Gedanken nehmen und einfach wie so eine Mauer zum Einstürzen bringen. Ja, dann bist du verletzlich und dann bist du frei.

Leg jetzt ruhig deine Hand auf dein Herz und spüre, wie du dich anfühlst.

Spür dich, wie du dich anfühlst ...

Spür dich, wie du dich anfühlst ...

Spür dich mal, wie du dich anfühlst ...

Und heute möchte ich dich einfach einladen, deine Seele zu spüren ...

Und würdest du sagen, dass sie schon mit Gottes Liebe erfüllt ist?

Spür mal, welche Worte kommen, vielleicht drei Worte, die deine Seele dir sagt: Wie sie sich sieht und wie sie ist. Und schreib mal ein Wort oder die Worte. Alles, was dir in den Sinn kommt. Was kommt, wenn du weißt, dass du nicht Geschichten und Programme bist, sondern deine Seele spürst? Das Schöne ist, in diesem Moment, in dem du das tust, aktivierst du Selbstheilungskräfte. Deswegen ist es so wichtig, dass du das auch mit den Menschen machst, die du begleitest. Die Menschen, die zu dir geführt werden, die noch verstrickt sind, dass du das mit denen machst: Lass sie fühlen.

Schreibe nun dein Wort oder deine Worte auf und spüre: Wie fühlt es sich an?

Gehe raus aus der Form. Das Tanzen bringt dich aus der Form. Alles was du im Außen siehst, ist das Produkt deines Denkens. So funktionieren alle Menschen. Alle Menschen funktionieren so. Sie haben so starke Minds, also Verstand. Wenn jemand so einen starken Mind hat, kann man damit natürlich auch töten. Es kommt immer darauf an, worauf der Mind ausgerichtet ist.

Und du möchtest ja mit Gott wirken, das heißt, du willst die Gedanken Gottes denken, und Gott ist hoch schwingende Vibration. Die Bibel ist spirituell übersetzt. Gott kann man nicht sehen, denn wenn man ihn anschaut, dann stirbt man. Übersetzt bedeutet das, Gott ist Hochfrequenz, und du hast Kontakt mit dieser Frequenz. Deine Seele im Geist, hier im Geist hat sie Kontakt mit dieser hohen Frequenz. Fühl mal weiter, spür mal in dich rein.

Ich möchte, dass du dir immer bewusster bist, wie du dich anfühlst, dass du dich selber kennen lernst.

Und jetzt schau mal, dein Körper ist Licht. Jedes einzelne Organ ist zusammengebaut aus Licht, also aus Elektronen und Atomen und Molekülen. Wenn man jetzt ein Mikroskop hätte und sich das anschauen würde, könnte man sehen, wie du vibrierst. Alles vibriert, weil das das Endprodukt deiner Gedanken ist. Und je leichter du bist, desto mehr bist du mit dieser hohen Energie verbunden. Aus dieser Leichtigkeit erschaffst du, manifestierst du und bringst das in den Äther. Du sprichst es aus. Dieses Wissen, was du jetzt hast, sortiere es, lass das zu, wie es dir gezeigt wird, wie du die Menschen begleitest, aus welcher Energie. Du bist reine Energie.

Versuche heute mal nicht zu reden. Lege einen Tag des Schweigens ein, soweit es dir möglich ist, für einige Stunden. Versuche mal nicht zu sprechen. Ich weiß, das kann herausfordernd werden, wenn du zum Beispiel Kinder hast. Du wirst schon eine Lösung finden. Versuche mal heute zu schweigen und schau mal, was deine Seele dir sagt: Wo ist sie vielleicht noch müde? Und welches Organ ist vielleicht noch im Ungleichgewicht und wie kannst du das dann tatsächlich ausbalancieren mit deinem Ruhen im Geist? Das heißt nicht, dass du ruhen sollst und dich nicht bewegen sollst, im Gegenteil: Es geht darum, dass du bewusst bist und es betrachtest, auch dein Herz.

Das Herz denkt und fühlt mit, das ist neurowissenschaftlich bewiesen. Deine Gedanken üben direkten Einfluss auf dein Herz aus. Deswegen heißt ja auch dieser Vers in der Bibel: Mehr als alles andere behüte dein Herz, es ist die Quelle des Lebens (Sprüche 4,23). Der Darm und das Herz. Dieses Herz darf behütet werden. Es ist die direkte Verbindung mit Gott. Dieses Herz ist Gott, weil er darin schlägt. Dein ganzer Körper ist doch ein unglaublich tolles Gebilde. Ganz von alleine funktioniert es. Und das Immunsystem. Es möchte dich schützen. Und wenn du negativ denkst, dann geht es dagegen vor. Denn wenn du das unbewusst machst und dir niemand sagt: Hey, wenn du negativ denkst – das ist nicht deine Wahrheit. Denn die Wahrheit ist die Freude, die Glückseligkeit.

Dein ganzes System reagiert auf deine Gedanken. Und auch das Verdauungssystem. Es ist genauso wichtig. Es ist unser zweites Gehirn. Wenn du aus Frust isst, nimmst du auch Energie zu dir und das verteilt sich in deinem Körper. Dasselbe gilt auch, wenn du deine Kinder entsprechend versorgst.

Dieses Wissen, diese Informationen, die du hier bekommst, dass dein ganzer Körper in Mitleidenschaft gerät, damit müssen wir uns nicht stundenlang beschäftigen und ich trage dir auch nicht die Einzelheiten vor. Das ist nicht meine Aufgabe. Das kannst du in dem Buch von Dr. Leaf genauer nachlesen. Ich werde darüber informieren. Doch möchte ich, dass du noch mehr ins Fühlen kommst, dich selbst einfach kennenlernst und dann anziehst. Dass du spürst, was da noch los ist in deinem Körper. Ja, und diese Worte, die du dir heute hier aufgeschrieben hast, sind wichtig. Schreibe sie dir in dein Büchlein oder auf einen Zettel. Hänge es dir hin, wo auch immer du bist.

Und dann sprichst du aus: Ich bin ... zum Beispiel Geborgenheit, wenn es dein Wort ist. Oder: Ich bin die Liebe ... Ich bin das Licht ... .Und dann fühl mal diese Energie. Fühle diese Energie, die in deinen Körper ausströmt. Das ist dein Erfolg. Weil diese Frequenz, die zieht an.

Es geht darum, dass du die Frequenz hältst für die Menschen, die du begleitest. Und sei dir bewusst, sie kommen, weil du sie angezogen hast. Und fall nicht wieder in eine Bewertung oder stell dich infrage, damit baust du wieder diese Mauer auf. Sondern nimm diese Worte und lass es leicht werden. Der Heilige Geist berührt dich. Und wenn du es schaffst, den Menschen im Herzen anzusprechen, dann spürt das Herz – das Gottesherz – in dem anderen Menschen den Funken, der dann zu einer riesigen Flamme wird. Es geht noch nicht mal um die Worte. Es geht um deine Energie, weil wir als Mensch bewerten. Und doch geht es um das Fühlen, um das Wahrnehmen und das Spüren.

Geschichten verpesten die Umwelt, wenn sie nicht aus der Wahrheit sind. Dann hältst du dich an der Oberfläche auf. Und wenn du für dich noch mehr anerkennst, was Geist ist, dass du auch ein geistiges Wesen bist, dann bist du in einer hohen Frequenz, dann entlarvst du die Lügen. Und gerade, wenn du jetzt mit Menschen zusammen kommst und in eine Präsenz und in die Öffentlichkeit kommst, dann beobachte, spüre und fühle.

Und sei verantwortungsbewusst. Das Gesetz der Anziehung wirkt wie folgt: Gott ist ja Geist. Und wenn nur die Liebe in dir herrscht, wird alles andere um dich herum, was da nicht dazu passt, wegbrechen. Und ja, das ist sicherlich nicht immer leicht anzuschauen. Aber diese Mauern, die fallen, werden den wahren Kern zum Vorschein bringen. Und dann kommt das zusammen, was von Gott ist.

Und was hat das jetzt alles mit dem 21 Tage Training zu tun? Du bist die oder der, der sehend ist. Du bist einE MeisterIN. Du bist Geborgenheit, du bist das Licht, du bist die Liebe, du bist die Empfindsamkeit. Du bist unbesiegbar, weil dein Potential zum Vorschein kommt und das zieht an, weil es nicht um die Worte geht, sondern das strahlst du aus. Das spüren alle. Es braucht nicht viele Worte. Das ist die Zukunft. Es braucht nicht viele Worte, sondern einfach nur Sein. Dann spricht die Wahrheit aus dir, ganz tief aus deiner Verbindung. In deinem Herzen. Und das ist das, was dich als SeherIN, HeilerIN und ProphetIN ausmacht, weil dann sprichst du aus der Quelle.

Und ein ganz wesentlicher Faktor ist tatsächlich, dass auch so eine ProphetIN, HeilerIN, SeherIN etwas sagt, was vielleicht der andere nicht hören mag. Wenn du dir treu bleibst, wir können da auch Selbstwert dazu sagen, und Klarheit, die dich dann nach außen als sehr stark präsentieren. Sei dir dessen bewusst, wenn du jetzt auch nach außen diese Klarheit demonstrierst, weil du dich veränderst.

Du wächst. Du darfst in deine volle Größe kommen. Du bist in diesem Raum, ich bin in diesem Raum. Ich bringe diese Energie von Jesus mit hier rein. Von dieser Urkraft und der Wahrheit. Ich decke das auf. Und das spüren wir alle und es geht um die Welt.

Dein Körper darf mitmachen und das Verständnis für deinen Körper, was passiert, wenn du toxisch denkst, ist nicht deins. Weil deine Geburtsebene und so, wie du auf die Welt kommst, ist Reinheit und volle Kraft.

Und vielleicht bist du ja auch jemand, der noch Kinder bekommt. Es stehen schon sehr viele Seelen, von Gott ausgerüstet bereit, das sehe ich, die warten, um zu bewussten Eltern zu kommen. Weil das Königreich, was wir hier gerade bauen, beruht auf Liebe, auf Wahrhaftigkeit, auf Echtheit. Und alles andere – was da nicht dazu passt – wird entsprechend vielleicht aus deinem Leben gehen. Und da gehört es dazu, dass du diese ganzen Bausteine für dich erkennst.

Und was tust du nun?

Wenn du merkst, dass du es nicht schaffst, aus diesen negativen Gedanken rauszukommen? Dann machst du Schattenarbeit. Ja, du schreibst es dir auf. Du schreibst dir einen Satz auf, der dich immer wieder piesackt. Du achtest darauf, was du im Außen wahrnimmst, ob negative Gedanken kommen und dann reflektierst du darüber und dann beobachtest du. Du schreibst alles ganz genau auf. Was du auch möchtest. Und dann überprüfst du all das. Und dann – machst du genau das Gegenteil!

Weitere Informationen zur Schattenarbeit:

Schattenarbeit

Was spiegelt dir dein Umfeld als Schatten, der dir nicht gefällt?

Hiermit kannst du hinderliche Glaubenssätze auflösen und alte Programme aus der Vergangenheit löschen!

Schreibe auf, was dich im Außen stört, z. B. an deinen Kunden, deinem Partner, deiner Familie, deinen Kollegen.

Setze nun deinen eigenen Namen statt dem Namen des anderen ein und lies es laut vor.

Lege deine Hand auf dein Herz. Spüre, wo du es im Körper empfindest. Erinnert es dich an Dinge aus der Vergangenheit? Meditiere darüber!

Löse es auf, indem du es ins Gegenteil drehst und laut vorliest. Nun ist es kein Teil mehr von dir.

Das ist ein wesentlicher Teil, dass du darüber nachsinnst. Und es wird dir leicht fallen, wenn du akzeptierst, dass du ein Wesen bist, das feinstofflich ist in dir und dein Körper sich dir durch deine Gedanken zeigt. Das sage ich dir mit meinen Worten. Die Auswirkungen auf alle Organe wie die Leber, die Haut, sind letztendlich nur Resultate davon, wie sich dein Denken auf deinen Körper auswirkt. So, und deswegen lassen wir am heutigen Tag mal die Stille walten in dir. Und schau mal, ob du das aushältst! Ja, dass du dir vorstellst, was in dir los ist. Und fällt es dir leicht oder fällt es dir schwer, bei dir zu bleiben? Beobachte das mal. Mach das mal bis heute Abend und dann schreib heute Abend mal deine Erfahrungen in dein Buch. Hast du es geschafft, fiel es dir leicht, fiel es dir schwer? Es geht nicht darum, dass du es bewertest, sondern trainierst, bei dir zu bleiben. In deiner Stärke. Dieses Feuer, das in dir ist, dass das zum Vorschein kommt. Durch Heilung in dir. Und dann geordnete Gedanken, kraftvolle Gedanken. Gedanken, die Gott hat, die erschaffen Neues. Gedanken, die jedem Menschen ein Mehrwert sind, die dienen, die Welt zu einem besseren Ort zu machen.

Bis morgen!

5. Tag

Guten Morgen! Fang wieder an, dich zu bewegen – zu deiner Lieblingsmusik.

Wenn du nicht wirklich tanzen kannst, dann tanz geistig. Das geht auch. Bewegen!

Spüre auch mal, was dir für Ideen beim Tanzen kommen ...

Wenn du Entscheidungen treffen willst, tanze sie dir her ...

Stell dir die Frage und tanze dir das Ergebnis her ...

Tool Schattenarbeit

Du hast ja gestern das Tool Schattenarbeit bekommen. Wie geht es dir damit? Kannst du damit was anfangen? Durch dieses Einsetzen der eigenen Person, gewinnst du große Erkenntnisse. Frage dich immer: Wo bin ich noch so wie ... ?

Ich weiß, dass dich das wahrscheinlich triggert und du dich fragst, was hat das Verhalten des anderen mit mir zu tun? Und wenn es dich triggert, dass hier in den 21 Tagen nicht so eine super Struktur ist, dann ist das, weil du es nicht gewöhnt bist, so zu lernen – mit dem Herzen und mit dem Gefühl – aber das ist auch genau der Sinn der Sache, dass du ins Fühlen kommst und nicht ein vorgekautes Wissen in dir aufnimmst.

Da darf sich z.B. in unserem Schulsystem auch noch viel ändern und dann auch an den weiterführenden Bildungsinstituten wie Hochschulen und Universitäten.

Mir ist wichtig, dass du das, was ich erzähle, in dir erkennst und für dich einsetzt. Dafür ist die Auseinandersetzung mit dir selbst unbedingt notwendig. Nutze es so, wie du es einsetzen willst.

Und du solltest auch lernen, aus der Intuition zu leben und zu lehren und nicht aus dem Verstand. Alles das, was du hier liest, kannst du schon freisetzen, angeschlossen an die Quelle, deinen Ursprung und deine Weiblichkeit/Männlichkeit – aus der Leichtigkeit und aus der Heiterkeit.

Wenn du selbst als Coach unterwegs bist, kannst du deine Erkenntnisse und z. B. als Tool diese Schattenarbeit einsetzen. Oder zum Beispiel mit deinen Kindern und deinem Partner.

Komm mal an und spür deinen Körper jetzt ...

Spür mal deinen Körper ...

Dein Blut in deinem Körper ...

Spür dich mal ...

Was kommen da für Bilder?

Vielleicht kommen Wörter, vielleicht Zahlen?

Wer bist du?

Lege deine Hand aufs Herz ...

Lass die Gnade Gottes in dich hinein fließen ...

Ich höre gerade: Der Vater und ich sind eins. Und wenn du an Christus denkst, dann bist du sofort auch mit Gott verbunden. Über Jesus als Menschen. Noch nicht mal über mich.

Es geht um die Energie ...

Es geht um die Materie, die wir nicht sehen ...

Und ich habe gestern diesen wunderbaren Vers gelesen in Hebräer 11,1: Glauben ist das, was du noch nicht siehst und in Erscheinung holst, so steht‘s geschrieben.

Und das ist genau das, was du hier tust.

Spür mal in dich rein ... atme ... .spür mal deinen Atem ...

Kennst du dich schon?

Bist du schon komplett in dir?

Mit deinem Bewusstsein, dass deine Gedanken deine Welt kreieren?

Spür mal in dich ...

Und ist das Leben nicht so? Auf der einen Seite tanzt du und veränderst und gehst wie ein kleines Kind in das, was du noch nicht kennst und auf der anderen Seite bist du dann jetzt ganz bei dir im Frieden ... Lächle ... es werden Glückshormone ausgeschüttet.

Atme mal ... komm mal an bei dir ... spür dich mal ... hör mal hin ... wie groß du bist ... wie mächtig du bist ...

Das hat Gandhi schon gesagt, wenn die Christen wüssten, was sie für ein Buch haben. Und wir leben das. Meine Energie bekommst du mit und sie verbindet sich mit deiner Energie und potenziert sich, in ihrer Klarheit und Reinheit.

Alle Widerstände und alle Bewertungen verhindern den Fluss.

Wie Menschen funktionieren

Jetzt möchte ich einfach noch mal von Himmel zu Himmel mit dir besprechen, wie die Menschen funktionieren. Ich spreche jetzt einfach mal zu deiner Seele, sodass du noch mehr Informationen bekommst. Auf der einen Seite aus dem Geistlichen und auf der anderen Seite diese Information, wie du und damit alle anderen Menschen geschaffen sind. Deshalb möchte ich dir heute nochmal nach Dr. Leaf das Organ des Herzens, das Immunsystem und das Verdauungssystem beschreiben.

Wir haben bereits erkannt, dass deine Gedanken deine Zellen formen, weil wenn du länger als 17 Sekunden an einen Gedanken denkst, dann verfestigt sich das, dann hast du es als wahr abgekauft. Und in dem Moment, wo du denkst, wählst du die entsprechenden Emotionen und diese Emotionen ziehen genau das in dein Leben, was dann für dich Wirklichkeit ist. Das sind die Informationen, die wir bereits aus der Quantenphysik kennen, was ja auch kein Geheimnis mehr ist. Die Wissenschaftler auf der ganzen Welt beschäftigen sich damit. Es wird so kommen, dass die Schulbücher umgeschrieben werden müssen, weil das die neuen Schwerpunkte sein werden.

Und jetzt spreche ich aus dem Geist zu dir. Die Verbindung mit deiner Seele wird dich dazu veranlassen, dass du aus dem Geist sprichst, und das ist dann die seherische, prophetische, heilende Fähigkeit. Du bist verbunden mit dem Geist Gottes. Die Menschen werden das spüren. Und was machst du mit diesem Menschen, der noch nicht auf dieser Ebene steht, auf der du bist? Du sprichst sein Herz an und du weißt, dass sein Herz so viele Nervenstränge hat – das ist bereits erwiesen – so viele neuronale Verbindungen wie dein Gehirn, der Darm auch. So und jetzt sprichst du als geistiges Wesen, mit dem Bewusstsein zu einem Menschen, den du erreichen möchtest. Du sprichst von Herz zu Herz. Wenn du mit Programmen kommst, damit, was er zu tun und zu lassen hat, was er machen und lassen muss, da sprichst du wieder seinen Verstand an. Und wir möchten das Herz erreichen, weil das diese Nervenstränge hat. Ja, und wenn du das Herz ansprichst, dann reagiert es.

Und du sollst ja jetzt auch tun, was dein Herz dir sagt. Und das Sagen drückt sich ja aus in Schwingungen. Und wenn du diese Schwingung des Friedens kennst, aus deinem Herzen, dann ist das genau der Weg, den du gehen darfst: Frieden und Freude und Herrlichkeit verbunden mit Jesus Christus. Das bedeutet auch für mich meine Verbindung zum Christus, weil ich weiß, dass das nicht vom Kopf her gesteuert ist, sondern der Heilige Geist in mir, der Code, der mir die Verse bestätigt, da bin ich auf dem richtigen Weg vom Verstand her. Mein Herz spricht mit mir.

Und dein Herz ist genauso von Gott gemacht, dass du diese Herzensverbindung wieder herstellen darfst, wenn du Reinheit, Freude und Herrlichkeit wieder aufnimmst.

Deine Gedanken üben direkten Einfluss auf dein Herz aus, und deswegen ist es so auch, wenn du jetzt deine Herzenswünsche nicht erkennst und nicht ernst nimmst, dann ist das so, als ob du einen Menschen in dir hast, den du immer sprechen möchtest, der vor dir steht und der auch mit dir sprechen möchte und du kannst gar nicht. Du redest nicht mit ihm.

Oder wie ist es, wenn du ein Kind hast und du gibst ihm keine Liebe? Es stirbt. Und deine Seele im Herzen möchte diese Energie spüren, diese Liebe, wie das die Sprache des Herzens ist. Negative Gedanken sind eine ganz negative Schwingung, und das ist das, was am meisten auf deinem Herzen liegt.

Wir haben das ja gelernt: Deine Gedanken lösen in deinem Gehirn chemische Substanzen aus. Wenn jetzt ein Kind geprägt wird durch die Eltern, durch Programme, die sie weitergeben – da musst du dir dein Gehirn, deine Nervenzellen, deinen Verstand vorstellen. Lass mal ein Bild hochkommen: Ist das eher dunkel oder ist das eher hell, wenn du voller Programme steckst? Schreib dir das mal auf. Sind dein Gehirn und dein Verstand klar oder ist das eher schwammig und dunkel und kommt da nichts durch, was da durchkommen soll? Das ist diese Gedankenerneuerung: Deinen Verstand auf die Ebene der Klarheit bringen, dass diese Schwingung sofort bei dir ankommt, ja? Wenn es dunkel ist, das ist Blockade. Das blockiert ein Kind, und dann prägt es das ganze Leben.

Es bewertet jedes Mal die Stimme, die sie aufgeredet bekommen hat. Dein Verstand bewertet die ganze Zeit nach der Stimme, die du immer gehört hast. Und das kann deine Mutter sein, dein Vater, das kann ein Lehrer sein und viele andere, die in deinem Leben eine Rolle gespielt haben. Diese Bewertung, das ist natürlich eine Information, wie dein Herz funktioniert, vermittelt dir auch den Schweregrad. Das bedeutet: Wenn Dunkelheit in deinem Herzen ist und auch dein Verstand auf dein Herz Einfluss nimmt, können ja diese Botenstoffe nicht fließen und dann kann man nicht tanzen, dann lachst du auch nicht, dann bist du in der Starre und dein Herz will gefühlt werden.

Dein Herz ist in ständiger Kommunikation mit deinem Körper bzw. mit deinem Gehirn. Das ist ein Prozess. Und das, was wir gestern festgestellt haben, dass wir da hinkommen. Wir kommen dahin, dass wir gar nicht mehr denken werden. Und du bist auch schon da.

Deswegen ist es so wichtig für dich zu wissen, wer du wahrhaftig als Gottes Kind bist und negative Programme, Gedanken und Bewertungen, die aufkommen wollen, nicht hochkommen zu lassen.

Das Ziel ist, dass du einzigartig bleibst und wirst. Dass diese Programme verschwinden und dieses Wissen, das du jetzt erfährst, betrifft dich und jeden anderen Menschen auch. Alle Menschen funktionieren gleich.

Und das Fatale ist ja im Moment noch, dass du in diesen Programmen noch oft verstrickt bist und erst mal noch sortieren musst. Was ist wirklich deins, und was gehört den Anderen? Und deswegen dieses Biblische. Dieser spirituelle Hintergrund ist lediglich dafür da, dass du mit Gott verbunden bleibst. Das ist ein Fokus.

Toxische Gedanken haben negative Auswirkungen. Diese negativen Gedanken haben eine sehr schwere Energie. Du merkst das vielleicht, wenn du mit Kranken zusammen bist. Oder überhaupt draußen unter anderen Menschen merkst du mit deiner hoch schwingenden Energie die dunklen Energien der anderen. Gerade in Deutschland befindet sich derzeit noch sehr viel schwer schwingende Energie.

Deswegen sind die Übungen so wichtig: Die Meditation am Anfang – Das Goldene Tor.

Lerne dich kennen, lerne deine Energie kennen: Wer bist du? Wie fühlst du dich selber an? Wie fühlst du dich?

Jetzt stell dir vor: Dein Herz möchte fühlen, dein Immunsystem möchte fließen, alles ist im Fluss. Das Gesetz der Anziehung besagt: das, was du denkst, bist du. Wenn du jetzt immer wieder negative Gedanken hast, die du nicht loswirst, ist der Schlüssel die Liebe zu dir und den anderen. Dieses Gefühl geliebt zu sein, angekommen zu sein, damit dein Herz sich beruhigt. Frieden im Herzen, Entspannung ... Der Schlüssel ist Selbsterkenntnis, Selbstheilung ... Mit diesem Wissen kannst du dein Leben verändern, das heißt, Depression und viele andere Erkrankungen kannst du somit heilen, ganz ohne Medikamente. Dein innerer Erfolg, dein inneres Leben, das bist ja alles DU ... deswegen ist dieses Wissen so wertvoll.

Also, deswegen ist es so wichtig, leicht und frei zu werden. Das Ganze ist natürlich ein Prozess und vielleicht werden sich die Auswirkungen nicht sofort einstellen, aber sicherlich Schritt für Schritt. Wenn du jetzt körperliche Gebrechen hast, dann stelle sie dir direkt bildlich vor. Leg deine Hand drauf und stelle dir vor, wie dort Licht hinein fließt und sage: Göttliche Ordnung! Wiederhole es fünf Mal.

Du bist super hochsensitiv. Und genau darum geht es, dass du dich selbst managst, dass du dich in den Frieden bringst, dass du weißt, wie sich das zusammensetzt, sobald du die Augen aufmachst und denkst.

Wenn du meditierst und die Goldene Übung machst und durch das Goldene Tor gehst, heilst du immer wieder dein Herz. Mach es jetzt zum Abschluss nochmal. Geh nochmal ganz tief in dich hinein und geh in die Dankbarkeit. Sprich jetzt einfach mal: ‚Danke, danke, danke!' aus. ‚Danke Gott, dass ich das jetzt alles lesen darf, wie du den Körper erschaffen hast. Danke, dass ich deine Gedanken denken darf.'

Die hohe Schwingung ... spür mal ... wie fühlt sich das an?

Wenn das Licht der Ewigkeit dich berührt ... Der Kuss des Himmels ...

Wie spürt sich das an?

Atme ...

Du bist erkannt ... du bist eine wunderbare Seele.

Und spür mal in dich ... nichts wird dir gegeben, was du nicht bewerkstelligen kannst ...

Und die Liebe siegt über alles ... spür mal die Liebe ...

Lass mal alle Bewertungen, die auf der Liebe sind und spür sie mal ... Und spür mal die Liebe ... spür mal den Heiligen Geist in dir ...

Es schüttet sich jetzt der Heilige Geist aus ... spür mal da rein ...

Das hat auch was mit deinen Erfolgen zu tun ... wenn du dich von noch mehr Programmen befreist ...

Und vielleicht lebst du jetzt, wenn du die Augen aufschlägst in einer Welt, die auf Angst aufgebaut war und ist. Du kannst jetzt alles ändern, indem du im Geiste anfängst, das zu sehen, was Gott für dich vorgesehen hat. Und dein Körper darf sich wohlfühlen, du darfst glücklich sein, du darfst stark sein, du darfst mächtig sein, du bist mit Menschen zusammen, die dich lieben.

Also, du wunderbare Seele. Jesus Christus ist das, seine Energie, seine Kraft. Er ist auch ein Mensch gewesen, der dich versteht, wie es hier ist, wenn du mit dieser hohen Sensibilität lebst und jetzt in dein volles Potential kommst.

Deine Aufgabe:

- Genieße
- Geh immer wieder in die Ruhe
- Nimm dir Zeit
- Schenk dir Zeit
- Auch wenn es um dich herum stürmisch ist. Du bist der Sturm! Du denkst, es ist ein Sturm. Du bist aber der Sturm, und du bleibst stehen, weil du den Sturm beherrschen kannst. Du kannst den Sturm stoppen. Immer wieder zwischendurch.
- Trinke ganz viel Wasser ...

Bis morgen!

6. Tag

Guten Morgen! Fang wieder an, dich zu bewegen!

Wenn du tanzt, dann denkst du nicht ...

Du kommst aus deinem normalen Tun und Handeln heraus. Du gehst aus der Form. Stell dir mal vor, dass du aus der Form rausgehst. Aus der Form, die gestern da war, die du dir durch deine Gedanken gemacht hast. Geh aus deiner alten Form und fühl dich in deiner neuen Form. Deshalb ist Tanzen so wichtig. Auch aus der Bibel geht hervor, dass die Menschen damals getanzt haben. Das fließt jetzt in dich hinein und deine Seele dehnt sich aus. Spüre auch mal, was dir für Ideen kommen.

Schreibe dir immer deine Gedanken auf. Trage immer einen Zettel und einen Stift bei dir und schreibe immer wieder deine Gedanken auf.

Wir wollen heute einfach nochmal meditieren.

Was passiert beim Denken? Wir unterhalten uns jetzt wieder von Himmel zu Himmel und dafür gehen wir jetzt erst mal wieder in eine Entspanntheit.

Leg' einfach mal die Hand auf dein Herz.

Komm mal ganz an und spür nochmal deinen Puls und deinen Herzschlag, wenn du jetzt getanzt hast. Das ist schön und du spürst dich, wie dein Körper lebt. Er ist das, der Körper, er trägt dich hier auf der Erde, das ist deine Form. Das ist dein heiliger Tempel, das ist der Tempel, der dich trägt.

Und komm mal ganz an bei dir und spüre alle Bewertungen und alles das, was hochkommt. Das ist doch nicht deins, weil aus der Liebe gibt es keine Bewertung. Deshalb hat Jesus auch gesagt: An der Liebe untereinander erkennt ihr mich.

Nachdem, was du alles schon gelernt hast, hat dieser Vers doch eben diese genaue Bedeutung des Himmels, oder? Wir leben ja hinter dem Kreuz, d. h. wir sind ja jetzt verbunden mit dieser starken Energie des Himmels. Der Himmel ist ja schon da. Und du lernst jetzt, den Himmel hier zu spüren, zu erkennen und zu leben.

Und stell dir jetzt einfach mal wieder vor, dass jeder von uns jetzt in seinem Himmel sitzt, im Paradies oder in dem Ort, den er sich bis jetzt mit seinem Wissen kreiert hat in der Verbindung mit dem Himmel.

Du hast eine Sprache gelernt. Die Sprache des Spürens und des Fühlens. Und komm jetzt wieder ganz bei dir an und wisse, dass du deine Welt kreierst. Du kreierst deine Welt mit deinen Energien.

Und wozu braucht es all das Wissen? Vor kurzem hat jemand zu mir gesagt: Das ist mir alles zu viel, wenn ich das immer alles wissen muss, das macht so einen Druck. Das ist was Altes. Jesus hat auch die Propheten gelehrt und ihnen alles erklärt, es steht so geschrieben und deswegen waren sie Tag und Nacht mit ihm zusammen, damit sie diese Kraft in sich entwickeln, durch das Wort, das er erklärt hat. Ich bin davon überzeugt und ich weiß, dass er diese Spiritualität gelehrt hat. Wie die Worte ausgelegt werden, was im Einzelnen damit gemeint ist, was das mit dem Gesetz der Anziehung zu tun hat. Die Rabbiner damals haben das auch gemacht. Man sagt auch, dass es immer nur von Mund zu Mund weitergetragen worden ist.

Die Energie ist im Moment sehr hoch und das spürst du vielleicht als Kribbeln in dir oder Unruhe. Deine Seele weiß schon, dass es etwas Neues gibt. Da zieht dich schon etwas in dir dahin. Es ist der Sog, der Sog Gottes.

Und spür mal jetzt mit dem Bewusstsein, dass du deine Welt kreierst. Das ist wie ein Fotoapparat. Du machst die Augen auf und du fotografierst das, was du im Inneren hast, was dein Horizont ist, was deine Situation ist. Das fotografierst du im Außen mit deinem Inneren, das ist wie ein Fotoapparat.

Spür einfach jetzt nochmal diese wunderschöne Situation.

Du sitzt vielleicht jetzt an deinem Lieblingsort oder auch im Auto oder im Café, wo auch immer du bist. Fühl dich einfach. Und alles was im Außen an Geräuschen da ist, das führt immer noch tiefer in dein Inneres.

Mein Hund ist da ein super Beispiel. Je unruhiger alles wird, desto ruhiger wird sie. Wenn sie Gassi gehen will, stellt sie sich vor die Tür und schaut ganz lange die Türklinke an und stellt sich wahrscheinlich vor, dass die jetzt runtergeht und ich reagiere dann. Ich spür das irgendwann mal und geh dahin. Das ist wirkliche Heilung und Umsetzung.

Fühl dich jetzt einfach nochmal ...

Alle Informationen ... wenn du später wieder die Augen aufmachst oder rausgehst ... die nimmst du wahr im Außen und das kann auch sehr anstrengend werden, weil du viel wahrnimmst ...

Du entscheidest, welche Gedanken in dir Wohnung nehmen. Du bist verantwortlich dafür. Du, niemand sonst. Wenn jemand dir gegenüber steht und der ist in der Dunkelheit mit toxischen dunklen Gedanken behaftet, dann entscheidest du, ob du darauf eingehst oder nicht. Das ist eine Welle, die bei dir ankommt und du reagierst drauf oder eben nicht. Und aus der Liebe mit dem Bewusstsein, dass Gott alle Menschen liebt, erinnerst du ihn.

Was ist das Besondere an dir? Du bist einE SeherIN und ProphetIN, einE GesandteR. Und jetzt stelle dir vor, Gott sagt ja nur hoch schwingende Dinge aus dem Herzen, und es geht auch darum, dass egal wo du bist, dass du nur erscheinst und es ist. Wie du mit diesem Geist BIST und dann hörst du hin in dem Moment: Was soll ich jetzt sagen? Was für ein Geist ist da?

Und manchmal muss man auch den Raum – ich sag mal verlassen – wenn es gar nicht anders geht. Du spiegelst die Freiheit und der andere in dir flippt aus, weil die Geister in ihm sich regen, weil er natürlich den Funken in dir spürt, als sein Gegenüber und er möchte auch raus.

Und ich möchte heute nochmal was zum Gehirn sagen. Wenn dein Gehirn Informationen, also Schwingungen, elektrische Frequenzen aufnimmt, im Hypothalamus, da treffen sich alle Nerven. Alle Frequenzen, die ankommen, spürst du in deinem Körper. Deswegen fühlst du dich auch besonders wohl in der Natur ...

Und Jesus ist auch wieder das Beispiel: Er ist abends immer auf den Berg gegangen. Er ist in die Natur und hat dann gehört. Weil wenn du tagsüber in deinem Wesen bist, bist du ja Licht und bist die ganze Zeit im Außen. Besonders abends sind ganz tolle Schwingungen, weil die Menschen ja schlafen, und wenn sie schlafen und dementsprechend nicht denken, weil sie im Schlaf im natürlichen Zustand sind.

Und deswegen gibt es viele Hochsensitive, die echt abends wach werden, weil sie dann in ihrem Wesen sind und nicht diese ganzen Eindrücke verarbeiten müssen. Aber du bist ja hier auf der Welt, um damit umgehen zu können und deswegen wird es eine große Erleichterung sein. Du brauchst jetzt nur eine Strategie, wenn du besonders hochsensibel bist, dass du nicht reagierst, dass du nicht abkaufst.

Äste in deinem Gehirn werden gefüttert mit der entsprechenden Resonanz. Wenn du negativ denkst und ein anderer ist negativ, dann dockt der das in dir an und aktiviert das. Und das ist, was wir in dieser Ausbildung machen: Wir aktivieren wieder das Positive mit Gottes Wort, wer du wirklich bist, und legen neue Äste. Die sind aber noch verunkrautet. Da ist noch Unkraut. Wir ziehen das Unkraut jetzt raus. So würde man das auch beschreiben können. Dann kannst du selbst reflektieren. Du wirst dir gegenüber verantwortungsbewusst und vor allem in deiner Identität gestärkt. Diese Äste bewegen sich nach dieser Frequenz und aktivieren dann deine Einstellung und deine Glaubenssätze. Und deswegen ist es so wichtig, dass du in diesen Glaubenssätzen gereinigt wirst, dass du sie veränderst. Da kommen wir dann später dazu.

In den nächsten Tagen erkläre ich dann nochmal, wieso du die Bibel lesen solltest, warum das so wichtig ist, dieses Minimale für dich zu haben.

Je nach deiner Traumatisierung bist du gebrieft. Du hast einen Ast in dir, der noch immer Blätter trägt, der verschrumpelte Früchte hat, der verschimmelte Früchte auf dem Boden liegen hat, und die werden jetzt eingesammelt. Der Boden wird gedüngt und es wird Wasser gegeben für deinen Baum, der diese Wurzeln ganz tief in die Erde ragen lässt und dieser Baum, der bekommt wunderschöne Früchte und Äpfel und Ähnliches.

Es ist ja auch mittlerweile wissenschaftlich erwiesen, Bruce Lipton sagt das auch, ich kann das auch so erkennen: Wir haben Gene und darum herum sind Proteine. Proteine passen sich deiner Umwelt an, wie bei einem Chamäleon, du wirst dann so wie dein Umfeld, wenn du nicht dieses Wort von Gott selbst hast, deine Identität.

Und deswegen ist das so wichtig, dass du diese Übungen auch machst, und erkennst, wer du bist in Wahrheit. Was Gott dir gesagt hat. Das ist im Prinzip wie ein Vater, der seinem Kind immer wieder sagt: Du bist wunderbar, du bist wertvoll, du bist hier auf der Erde und machst wirklich Wunderbares, du hast Wunderbares umzusetzen. Und wenn dieser Ast gebildet wird und man schüttelt die Bäume, so kommen die Früchte, die Würmer haben, weg und werden zu Kompost, oder was auch immer man damit macht. Und deswegen ist es wichtig, dass du diese Gehirnaktivitäten erneuerst, den Ablauf in deinem Körper und das aktiviert ja dann auch das Gesetz der Anziehung. Und die chemischen Botenstoffe werden durch den Hypothalamus ausgeschüttet, die ja dann wiederum in die Organe reingehen. Deswegen hängt das auch alles körperlich zusammen und das kannst du steuern, indem du darüber Bescheid weißt. Denn Gott sagt, die Erkenntnis macht dich frei und der Mangel an Erkenntnis bringt dich um.

Es geht immer um die Schwingung: Sie kann heilen, sie kann töten.

Du kennst sicher die Schwingung in einem Musikstück und wie sie dich beeinflussen kann, und diese Schwingung ist auch in dir. Diese spürst du und die spüren andere. Und wenn du dies alles noch nie kennengelernt und erlebt hast, schreckt es dich erst mal ab und dein Körper wird immer zu dem hingehen, was er kennt. Und deswegen sagt Gott: Ich mach alles neu. Das ist die Gedankenerneuerung, und dafür braucht es die Unterstützung, dass du auch deine Sinne anders lenkst.

Und wenn du das weißt, dann schaust du anders. Du siehst das bewusste Licht aus diesen Dingen. Wo ist das Positive dahinter? Was ist das Schöne hinter dem? Und das ist auch für die Menschen, die du begleitest wichtig, wenn du welche hast. Dann sind das durchaus wichtige Informationen für den Verstand. Der Verstand braucht etwas, damit er etwas zu tun hat.

Das ist das ‚Hinter dem Kreuz leben', das Bewusstsein dafür.

Deshalb steht es auch in der Bibel: Macht euch keine Sorgen! Denn die biblischen Grundlagen, das Wort ist geschrieben, damit du einen Anker hast, damit du einen Code hast, wie du dich minimieren kannst.

Deshalb steht auch in diesem Buch drin: Fürchtet euch nicht, fürchtet euch nicht! Weil Gott doch genau weiß, wie er erschafft. Weil du doch in Gott bist. Und jedes Wort erschafft und deshalb braucht es jetzt diese Erneuerung. Und weißt du, manchmal ist es dann wie ein Same, der dann gesät wird und der bekommt Wasser. Er wächst und dann wird er diese wunderschöne Blume oder ein Apfelbaum, ein Baum der Früchte trägt.

Nun stelle dir so dein Gehirn vor und so beschreibe ich das jetzt mal: Du hast Äste mit Früchten. Wenn du das Positive aussprichst über dich selbst und dir dabei selbst zuhörst, unterstützt das dein Gehirn, neue Äste zu legen. Und deswegen diese ‚Ich-bin-Botschaften'. Sprich sie aus. Sprich sie dir auf und höre sie an. Zum Einschlafen, zum Aufwachen. Jeden Tag, drei Wochen lang. Dieses Bild, das ist der Baum des Lebens!

Manchmal ist das auch ein Kampf, weil du so viele verdorrte Äste an diesem Baum in dir hast, diese Äste abzuhacken, und das kann auch anstrengend sein.

Dein Unterbewusstsein verankert es. Es geht durch das Gehirn in dein Unterbewusstsein. Das wird dann die Grundlage deines Lebens. Du entscheidest. Man sagt auch: Ob du dem Wolf das Fressen gibst, der beißt und knurrt, oder der Katze, die schnurrt. Das ist dann wiederum die Situation, in der du Entscheidungen treffen darfst, ja? Wer willst du sein?

Schau immer wieder mal zurück, was auch schon geschehen ist, jetzt! Die wunderbaren Geschehnisse bei dir und deswegen auch diese Prozessbegleitung.

Stelle dir vor, wie du das einfach umsetzt und was schon passiert ist und welche neuen Äste schon da sind und füttere sie immer weiter, hör damit nicht auf. Füttere dich mit dem, so dass die Äste groß und stark werden.

Aufgabe: Sprich aus – Wozu bist du hier und was ist deine Botschaft?

Das Gehirn ist mega und das darfst du erkennen und nutzen. Und da kommst du auch nicht drum herum, wenn du ein glückliches und erfülltes Leben leben willst. Es geht um Frequenz. Es geht nicht um Wissen und Bildung. Wissen ist gut, aber keine Weisheit.

All diese komplexen Zusammenhänge, das ist dein Körper. Das ist der Ort, wo du als Medium, wo du als Seele hier auf der Erde wirkst. Wie du hier die Botschaften und dein ganzes Wesen, welches du bist, auf die Welt bringst. Durch dein Scheinen. Und wenn du erfüllt bist mit dieser Klarheit, mit diesem Bewusstsein, mit dieser Identität, wer du bist, dann strahlst du innerlich. Dann liebst du, dann hast du diese Kraft. Und vor kurzem hat jemand zu mir gesagt: Du bist so selbstbewusst, was du sagst. Ja, ich weiß, wer ich bin.

In 2. Korinther 5, 17 steht: ‚Gehört jemand zu Christus, dann ist er ein neuer Mensch. Was vorher war, ist vergangen, etwas Neues hat begonnen.' Und genau darum geht es bei dir. Das ist der Grundvers. Und das erkläre ich für den Verstand, weil es Sinn macht. Wir setzen uns nicht irgendwo hin und hören irgendwelche Verse, sondern wir erkennen das. Und warum? Weil du auch ein Leader bist!

Und jetzt komm einfach wieder und spür dich wieder.

Stell dir mal dein Gehirn vor ...

Wir laden jetzt nochmal den Heiligen Geist ein ...

Stelle dir mal dein Gehirn vor ...

Geh mal mit deinem Bewusstsein in dein Gehirn ...

Und stell dir mal diese Äste vor, die verdorrten, die da vielleicht noch sind .... .

Stell dir mal vor, lass mal deine Aufmerksamkeit in dein Gehirn gehen, zu den Stellen, die noch Heilung brauchen, wo neue Äste gelegt werden dürfen. Das ist diese Meditation die wir machen ...

Meditation, die bewirkt, dass du aufspürst, welche Äste da noch sind, diese spürst und in Resonanz gehst mit anderen Dingen, mit Menschen um dich herum ...

Komm mal in dich rein ... Und spür dich und dein Wesen ...

Wisse, wer du bist ...

Das ist Selbstheilung ...

Und das spüren die Menschen, die um dich herum sind ... du strahlst das aus und ziehst das an ...

Und jetzt setz mal neue Räume!

Stell dir mal vor, wie du einen Samen säst in deinem Gehirn ...

Schau mal, was da für Worte kommen und schreib mal später diese Worte auf ... jetzt säst du erstmal deinen Samen in dein Gehirn ... stell dir einfach drei Wörter vor ...

Das braucht Wasser, dieser Same braucht Wasser .... .

Und das ist das Coaching ... das ist die intensive Begleitung mit mir ...

Das ist das, wo du entscheidest, wie schnell es voran geht und wenn du natürlich in einer Situation bist, wo du die Zeit hast, ganz intensiv ... und die Energie auch hast ... und ich funktioniere mit Geld ... denn das ist Energie ...

Wenn du das hast und spürst und das entscheidest ganz alleine du ... macht das nicht alles Sinn?

Setz mal den Samen in dein Gehirn. Was möchtest du anziehen, welcher Baum soll wachsen?

Welche Äste sollen ausgebaut werden, welche Frucht darf wachsen am Baum? Ohne zu bewerten ... Gott bewertet nicht ...

Es ist alles richtig, was ist.

Es ist alles richtig, was ist.

Es ist alles richtig, was ist.

Es ist alles richtig, was ist.

Es ist alles richtig, was ist.

Ich danke dir so sehr!

Das macht uns eins ...

Wenn du jetzt Menschen ansprechen möchtest, wenn du dir ihrer Äste in ihrem Gehirn bewusst bist und trotzdem den göttlichen Funken in ihnen ansprechen möchtest. Wenn du von Herz zu Herz und in dieser Herzlichkeit mit ihnen sprichst, dann ist das das Wasser des Lebens, welches wir alle brauchen. Mit dem Bewusstsein säst du Samen, indem sie selber es tun. Du aktivierst das Denken bei ihnen. Du setzt den Samen, indem du ihnen hilfst, das Schöne zu sehen, das Gott gewollte. Du bist das Wasser und du gießt den Samen.

Aufgabe: Die 3 Worte, die du gesät hast in deinem Gehirn, die Frequenz und das, was du anziehen möchtest, schreibe das mal auf und lies es dir ruhig öfter durch.

Und in den nächsten Tagen geht es darum: Was mache ich jetzt mit dem, was ich weiß? Wie kann ich das noch vermehren? Und was hat das für einen Sinn mit der Bibel? Wer ist überhaupt Gott?

Und da gehen wir die nächsten Tage noch viel tiefer rein.

Bis dann!

7. Tag

Guten Morgen! Heute kannst du dir wieder Musik anmachen und tanzen.

Kannst du so richtig tanzen?

Wenn du jetzt nicht wirklich tanzen kannst, dann tanz geistig. Das geht auch. Du bewegst dich jetzt tanzend. Und schön die Hüften bewegen, damit das wieder mal alles ins Fließen kommt, der Körper muss mitmachen!

Reflexion

Heute machen wir folgendes: Reflektieren

Sprichst du deine ‚Ich bin- Botschaften'?

Mach das heute mal etwas energischer mit diesen Botschaften, weil du in dem Moment in die Materie sprichst und du weißt ja: Gedanken sind elektrische Impulse und verändern die Materie und die sind mächtig.

Immer schön bewegen ... aus der Materie.

Liebe dich mal selbst, erkenne dich in deinem Körper. Du bist die Seele in diesem Körper und dein Körper ist wichtig für dich. Durch diesen Körper hast du die Möglichkeit, dein Traumleben zu leben.

Immer lockerer werden ... deswegen ist das Tanzen so wichtig ... dadurch wirst du freier und hast keine Gedanken ... Welche Ideen kommen dir da?

Also, da habe ich ja gestern drüber gesprochen, über das Gehirn mit dem Hypothalamus, Amygdala, den Ästen, Blättern und Samen. Lies es auch für dich in dem Buch von Dr. Leaf noch einmal nach.

Komm nochmal bei dir an. Verstärke, dass du schon in deinem Himmel bist.

Wie fühlt sich das an, wenn du den Heiligen Geist einlädst?

Wie fühlt sich das an, wenn du DU bist?

Wenn du frei bist, von allen Abhängigkeiten?

Du bist dir bewusst, dass du dein Leben kreierst. Du bist dir bewusst, dass du dein Leben wunderbar machst. Du bist dir bewusst, dass alle Materie Licht ist.

Die nächste Phase ist auch die Heilung. Ja, du bist bewusst, dass das, wo du hinschaust die Materie verändert mit deinen Gedanken. Deshalb sei dir bewusst darüber, was du denkst. Wir schauen das nachher noch mal an.

Also, das Gehirn ist zu deinem Nutzen da und das ist ein ganz wesentliches Organ, da ja alles Schwingung und Licht ist und alles darin ausgedrückt wird. Weglaufen geht nicht mehr. Du kannst dieser Schwingung ja nicht entfliehen. Du kannst es in deinem Umfeld fühlen, wo diese Schwingungen anders sind. Zum Beispiel die Natur. Die Natur denkt ja nicht. Die Natur strahlt einfach in Verbindung mit Gott diese Schwingung des Himmels aus.

Und da wollen wir Menschen ja hinkommen, z. B. durch Meditation, in dieses Bewusstsein des puren Seins und das verteilt sich dann in deinen Organen und es werden Botenstoffe ausgeschüttet. Vielleicht spürst du jetzt nach diesen Tagen auch, dass es unabdingbar ist, deine hinderlichen Glaubenssätze aufzulösen, die sich in dir noch eingenistet haben und Dr. Leaf nennt das ja das „dreckige Dutzend".

Das bedeutet, dass du in dir aufräumst, weil wenn du deine Gedanken erneuerst, dann hast du auch Emotionen, die entsprechend aufgelöst werden und so aktivierst du das Gesetz der Anziehung und zwar so, dass nicht mehr die negativen Sachen aus der Vergangenheit auf dich zukommen, sondern du siehst einfach die Schwingung der Schönheit. Da kommen wir jetzt alle hin und das ziehen wir jetzt an.

Jetzt stell dir mal vor, wie das werden wird, wenn du dieses Wissen, über das du jetzt schon verfügst, weitergibst und es anwendest, was das für eine Veränderung bei dir bewirkt, was das in der Welt bewirken kann. Du hilfst den Menschen, dass sie in die Klarheit kommen mit Gott selbst, wie ein Baum, der am Wasser gepflanzt ist, dessen Wurzeln sehr tief in die Erde rein ragen. Und dazu möchte ich dich einladen.

Die Weiterverarbeitung: Du schüttest Botenstoffe aus und dein Gehirn, das beschreibt Dr. Leaf auch sehr schön, behält die Informationen 24 – 28 Stunden dort und verarbeitet sie weiter als Energie. Deswegen ist es so wichtig, dass du möglichst schnell genau reflektierst, was du gerade denkst, damit sich das nicht in deinem Gehirn verfestigt.

Das heißt, das Thema „Opfer" ist jetzt vorbei. Du wirst jetzt zur Mitarbeit angespornt. Das heißt, wenn du dir doch bewusst bist, und das ist ja jetzt nur ein Teil der Ausbildung.

Wenn du mit jemandem zusammen bist, dann spürst du ja sofort, was in ihm ist. Dementsprechend bist du dir jetzt bewusst, dass er sein ganzes System im Körper dadurch schädigt, dass negative Gedanken und Dämonen und diese negativen Schwingungen halt da sind, das können wir auch Geister nennen. Wenn er das annimmt, verbreitet sich das in seinem ganzen Körper.

Deine Hausarbeit ist: beobachte die Menschen, mit denen du heute zusammenkommst und sprichst, was tun die mit sich selbst?

Erkenne, wie wichtig es ist, dass du das auch weitergibst, weil das den Menschen hilft, die Verantwortung zu übernehmen. Wenn du jetzt in Zukunft mit einem Menschen sprichst, und der sagt was Negatives, dann kannst du ihm sagen: ‚Hey ich weiß da was, da passiert jetzt was bei dir im Körper, und dementsprechend schädigst du dich.'

Und möchtest du wirklich mit demjenigen zusammenwirken und ihm dabei helfen, dass er sich zerstört? Oder möchtest du ihm helfen, indem du ihn erinnerst, mit deinen sanften Worten und deinem Vorleben, ihn darauf aufmerksam machst, dass du das anders kannst, dass du das beherrscht?

Die Weiterverarbeitung passiert ja bei den meisten Menschen unbewusst. Du hilfst ihnen, dass sie bewusst werden. Dadurch wird das aufgedeckt und damit gibt es keine Krankheit mehr, dadurch wird das Krankheits- bzw. das Gesundheitssystem revolutioniert. Das ist ein wesentlicher Aspekt. Die Ärzte dürfen das mit einbauen, da kommen sie nicht drum herum. Es verändert sich dann auch immer wieder was in den Strukturen.

Wir haben das gelernt mit den Ästen. Es werden Äste gelegt, die werden vertieft. Ich habe dazu Autobahnen gesagt, und wenn du das jetzt noch mehr erkennst: Wir wollen die Äste ja verändern, indem wir sie neutralisieren und natürlich – gerade bei Menschen, die das noch nicht wussten – und unsere Vergangenheit baut ja eher auf Angst auf – haben sich natürlich in ihrem Gehirn und in ihrem Körper entsprechende Äste herausgeformt, mit entsprechenden Früchten. An ihren Früchten werdet ihr sie erkennen.

Und da du das jetzt ja weißt, kannst du dem entgegenwirken, ja du kannst entgegen wirken. Du kannst komplett alles verändern. Also heute geht's ja um das Reflektieren. Ich weiß nicht, ob du Byron Katie kennst, sie ist eine amerikanische Psychologin, die sehr einfache, aber wirkungsvolle Tools entwickelt hat.

Du musst dir nun Folgendes bewusst machen: Sobald du einen hinderlichen Glaubenssatz hast und du denkst immer wieder negativ, wird eine chemische Substanz freigesetzt. Du gehst wie folgt vor: nimm dir jetzt in Zukunft ein Blatt Papier und verändere den Glaubenssatz ins Gegenteil:

Die Fragen lauten:

1. Ist das wirklich wahr?
2. Kannst du immer zu 100 % überzeugt sein, dass das wahr ist?
3. Wie und was wärst du ohne diesen Glaubenssatz?
4. Jetzt in das Gegenteil umdrehen, nur noch so denken und danach leben!

Je stärker du denkst, desto mehr Veränderung kannst du bewirken. Das heißt natürlich, wenn du immer wieder Zweifel und Sorgen hast, – deswegen heißt es auch in der Bibel: Fürchte dich nicht – ziehst du diese Schwingungen weiter an! Der Hintergrund der Bibel ist ja geistig zu lesen, und wenn du das jetzt eben geistig liest, dann macht das ja wieder Sinn.

Wir haben ja jetzt gelernt: Du hast diese Äste in deinem Gehirn. Deine Drüsen schütten entsprechende Hormone aus. Dein Körper nimmt diese auf. Deine DNA verändert sich und dein ganzer Körper verändert sich zum Negativen, so dass eine Krankheit entstehen kann, wenn du immer wieder über Sorgen, Nöte und Ängste nachdenkst, Depressionen und Krebs sind oft die Folge.

Du verfügst über einen freien Willen und du kannst mit deinem freien Willen hier eingreifen. Das ist die Lehre, die du jetzt erfährst, d. h. du kannst dich selbst hinsetzen und mit Tools wie Schattenarbeit und den vier Fragen nach Byron Katie reflektieren.

Reflektieren heißt, sich dessen erstmal bewusst werden, was ist denn da an Negativem noch in mir? Dem kannst du immer entgegen setzen, dass du hier auf der Erde bist, um dich wohl zu fühlen und das beschreibt ja auch das Gesetz der Anziehung.

Hausarbeit für dich: Wie redet mein Gegenüber und wie gehe ich damit um? Weise ihn darauf hin! Erkläre ihm das Gleiche, was du jetzt gelernt hast, und reflektiere: Wie ist die Reaktion deines Gegenübers?

Dann komm nochmal an und lass alles in dir verankern, was du jetzt gehört hast und öffne dich, dass du Weisheit bekommst über den Heiligen Geist, deine Gespräche in Zukunft zu lenken, mit dem Wissen, wie deine Beziehungen sich jetzt aufbauen werden, mit dem Wissen, wie erfolgreich du dieses Wissen einbauen kannst, weil das ja lebensverändernd ist.

Das ist Heilung pur! Du kannst es weitergeben, denn du hast die Notwendigkeit erkannt. Ich wünsche dir, dass du dadurch auch noch mehr Zuspruch bekommst, wenn du mit Menschen in deinem Beruf zu tun hast oder das in Zukunft haben willst. Sei dir bewusst, dass die Menschen, die zu dir kommen werden, deine

Hilfe brauchen. So möchte ich dich einladen, dass du dies alles jetzt nochmal sacken lässt.

Schreibe bitte die 3 Perlen von heute auf: Was nimmst du mit an Erkenntnissen, damit du da freier wirst und dich selbst noch viel besser kennenlernst?

Bis morgen!

8. Tag

So dann mach dir mal Musik an ...

Und steh mal auf und bewege heute ein bisschen mehr die Hüften ...

Andere machen Sport morgens, du tanzt ...

Du tanzt dich jetzt wieder aus den alten Strukturen ...

Und das mit der Weiblichkeit und dem Manifestieren ... das sind ja diese Organe, mit denen wir Kinder gebären ... Deswegen sind die deutschen Frauen da so ein bisschen verhalten ... man dürfte das nicht ... nicht alle sind so, aber in meinem Jahrgang ...

Und in der Bibel steht ganz viel über tanzen ...

Und ich habe etwas ganz Besonderes auf dem Herzen ...

Lass uns mal wieder die Meditationsübung machen bitte und guck mal, vielleicht hast du Zettel und Stift, dass du immer sicherer wirst, wenn du Antworten aus deinem Inneren bekommst, dass du das gleich aufschreiben kannst, weil du das dann umsetzen willst.

Atmen ...

Verbinde dich jetzt mal mit deinem Inneren und vielleicht spürst du dich jetzt auch schon genau und auch wenn hinderliche Glaubenssätze hochkommen ... wer oder was bist du ohne

Gedanken und ohne Geschichten? Weil du weißt ja schon, dass du deine Welt mit deinen Gedanken und dementsprechenden Gefühlen manifestierst.

Das Ziel ist, völlig gedankenfrei zu werden und nur die erschaffenden Gedanken zu leben, zu fühlen. Alles was hinderlich ist und toxisch, wie du es jetzt gelernt hast, geht jetzt raus aus deinem System. Und wenn du schon frei bist, nimmst du einfach diese Lehreinheiten als eine Information für deinen Wortschatz, womit du auch den Menschen diese Dinge erklären und Informationen weitergeben kannst. Der Mensch braucht Worte. Und Worte sind elektrische Schwingungen, die aus deinem Herzen kommen.

Ich wiederhole jetzt einfach nochmal, was wir gelernt haben. Das Ziel ist, das sag ich dir jetzt wieder von Himmel zu Himmel, dass viele Informationen, die du bekommst, wie Gott deinen Körper erschaffen hat, dir helfen, wie du mit deinem Körper auf eine ganz bestimmte Art und Weise umgehen kannst.

Es geht darum, dass du diese Gedankenstrukturen begreifst, was dein toxischer Gedanke in deinem Körper macht.

Das Immunsystem, Herz und Verdauungssystem haben wir besprochen. Und jetzt möchte ich einfach nochmal auf das Sammeln eingehen. Was passiert, wenn du denkst mit der Struktur deines Gehirns?

Also wir wissen, dass elektrische Impulse deine Gedanken sind, die gehen in deine Zellen ganz tief rein.

Jetzt stell dir vor, die Möglichkeit, die du hast, diese Äste, die du dir legst, dem aus dem Weg zu gehen, das sammelst du erst mal, ja? Du sammelst: Was denke ich überhaupt? Bevor du zum Telefonhörer greifst, mit irgend jemand sprichst und das nochmal erzählst, sammelst du das.

Du nimmst dir einen Zettel und schreibst dir genau auf: Was denke ich jetzt da gerade?

Das ist jetzt ein Werkzeug, das du an deine Kunden weitergeben kannst. Das sehr wertvoll ist, weil das ja die Wahrheit ist. Wir wollen ja alles auflösen.

Was macht der Gedanke mit dir?

Du schreibst den Gedanken auf, der jetzt kommt in der Situation, in der du bist.

Du schreibst den Gedanken auf. Du weißt, je länger du ihn denkst, desto mehr festigt er sich bei dir im Gehirn und dementsprechend bist du in dieser Szene.

Wir nehmen jetzt mal das positive Beispiel: Du stellst dir jetzt vor, dass du MillionärIN wirst. Jetzt schreibst du den Gedanken auf: Ich bin MillionärIN. Und dann fühlst du dich da rein und dann stellst du dir das vor und das ist genau das Gleiche im Positiven wie im Negativen.

Ich habe eine Story mit einer Vermieterin erlebt, die Krebs bekommen hat, weil sie immer Angst gehabt hat, dass ihr Mann Krebs bekommt. Jetzt hat sie den Krebs bekommen, nach dem Gesetz der Anziehung. Sie hat sich das vorgestellt und war immer mitten drin in dieser Vorstellung.

Dein Gehirn reagiert darauf. Es schüttet sofort chemische Botenstoffe aus und diese gehen in deine Zellen. Das ist das Gesetz der Anziehung. Diese Ausstrahlung zieht dann genau entsprechend in anderen Situationen etwas an, was dieser Schwingung entspricht.

Das ist mir einfach nochmal ganz wichtig, dass du das für dich verinnerlichst.

Deine Hausarbeit ist heute, dass du die Gedankenstrukturen, die du hast, in diesen vier Bereichen durchforschst: Beziehung, Finanzen, Familie, Gesundheit. Dass du das alles überprüfst. Schreib dir mal diese Gedanken, die du hast, auf und dann betrachtest du das. Frage dich jedes Mal: Ist dieser Gedanke wahr? Ist dieser Gedanke wahr? Kann ich das mit absoluter Sicherheit wissen, dass dieser Gedanke wahr ist? Was macht dieser Gedanke mit mir? Wo fühle ich diesen Gedanken? Und wer oder was sagt Gott dazu? Wer bin ich eigentlich ohne diesen Gedanken? Nur im Geist ...

Das ist Byron Katie Style. Und das ist, was Dr. Leaf auch macht: Sie reflektiert, stellt Fragen und dann, wenn du das machst, veränderst du ja die chemischen Botenstoffe. Du bleibst bei dir und du änderst die chemischen Botenstoffe in deinem Körper und du stellst dir sofort das Gegenteil vor, indem du das, was du über dich in diesem Zusammenhang denkst, umdrehst. Wenn es etwas Negatives ist, drehst du es ins Positive: gottgewollt. Und dann verändern sich deine Zellen. Da ist es. Ich meine, ist dir das wirklich bewusst, dass dein Erfolg, dein Glück davon abhängt? Wie ist deine Ausstrahlung, die deine Zellen auch ausstrahlen in den Bereichen Beziehung, Finanzen, Berufung/ Beruf, Gesundheit?

Was hast du da noch für hinderliche Glaubenssätze? Du kannst da mal 3 jeweils aufschreiben und in dein Buch schreiben. Deine negativen Glaubenssätze. Die Kraft besteht darin, dass du diese dann sofort ins Positive umdrehst, genau in das Gegenteil.

Denk daran: du bist so stark, das verändert sofort! In deinem Gehirn werden sofort diese positiven Botenstoffe ausgesandt, und die gehen dann in deine Zellen.

Du bist von Natur aus geschaffen, positiv zu denken, das nennen wir eben dieses Auskehren des Gehirns. Auskehren deines Geistes, was sich da schon gefestigt hat in deinem Körper. Und dafür sorgen wir jetzt, ja?

Schreibe dir diese Gedanken auf. Dieser Prozess ist mega wichtig für dich. Das Schreiben ist so – die Gedanken sind auch um dich herum – und du nimmst was wahr und dann schreibst du das auf und dann hinterfragst du das. Du hinterfragst das. Das Gehirn hat entsprechende Abteilungen, wo das durchgeht und für wahr erklärt wird oder eben nicht. Und wenn du aus deinen Kindheitstagen noch einen Ast hast, der dem entspricht, dann wird der erstmal sagen: ‚Ja das ist wahr.'

Dein Unterbewusstsein bewertet ja nicht. Das tun ja nur wir. Deswegen sage ich so oft, wenn du ein Gefühl hast, oder denkst und sagst, vom Gefühl her ich habe Angst, dann sage ich oft: ‚Nein, du bist nur aufgeregt.' Weil erst ist das Gefühl da und daraus entsteht dann, was du sagst und sprichst. Deine Worte sind nur die Hülle deines Inneren, die Hülle deiner inneren Schwingung, was anderes ist das nicht. Das ist alles ganz easy.

Und wenn du das alles mal verstanden hast, dann geht das alles noch viel leichter, auch bei Kundengesprächen, da ist es genau das Gleiche und schau mal: Die kommen sowieso alle zu dir, weil du ihnen helfen kannst. Jetzt geht's darum, dass du nicht andockst und dass du hinterfragst, das ist auch Schattenarbeit, wo derjenige noch etwas hat, was er dir spiegelt, was dir auffällt und wo er dich triggert. Und da machst du dann Schattenarbeit mit.

Das war heute wieder mal was Kurzes, was mir aber wichtig ist: Reflektieren, was ist das? Was habe ich da? Was denke ich da?

Und dann diese Fragen stellen über jeden einzelnen Gedanken: Wo ist der? Ist das wahr? Kann ich da mit absoluter Sicherheit wissen, dass das wahr ist?

Morgen kommen wir dann zum Thema "Überdenken". Überdenken, was du aufgeschrieben hast. Und da werde ich dann nochmal ein paar Sachen nennen, die du noch entsprechend einbauen kannst.

Gut, dann lass uns jetzt mal wieder deine Äste zerstören oder transformieren, die noch negativ in dir verankert sind, wo du noch Strukturen hast, die nicht der Wahrheit entsprechen. Damit deine Aura sich reinigt, bitte ich das Licht, in dich hineinzukommen. In dein Gehirn und dein System, damit so auch Heilung stattfinden kann.

Und hör mal genau hin, was deine Seele dir sagt, wo du noch aufräumen darfst. Wo in welchem Bereich darfst du noch erkennen, dass du noch ein Produkt deiner Äste bist? Wie du noch handelst, weil du entsprechend denkst und geglaubt hast, Überzeugungen als wahr angenommen hast, die nicht deine sind?

Schau mal rein. Erkenntnisse geben Kraft. Erkenntnisse machen frei.

Ich lade dich jetzt dazu ein, dass du das verinnerlichst und lebst.

Du kannst dir auch dein Gehirn vorstellen und kannst einfach so innerlich diese Äste mit Licht füllen, die noch da sind, die dir dein Unterbewusstsein, die dir deine Seele, dein Geist zeigt, damit du noch mehr Jesus Christus in dir siehst und hörst, in diesen gedankenlosen Zustand kommst, einfach nur da bist. Weil das SeherINNEN Dasein besteht ja daraus, dass du aus dem Geist direkt diese Frequenz empfängst. Das ist auch das, was du als SeherIN in Form von Bildern bekommst, die die Frequenz des Himmels für dich ausstrahlen. Du kannst den Himmel als SeherIN nur so erkennen, wie du in der Lage bist, es zu erkennen. Also deinen Wortschatz kann Gott nur benutzen, so wie du geprägt bist. Also wenn du vom Intellekt her keinen großen Wortschatz hast und eher klein gehalten wurdest, dann wird der Heilige Geist jemand ganz anders einsetzen, als jemanden wie mich oder jemand in der Politik. Weil letztlich geht es immer darum, die Wahrheit zu erkennen. Das macht uns frei. Das ist das Prinzip Gott und Christus. Ich nenn das mal „Das Prinzip Jesus". Wenn die Welt jetzt aber noch mit diesen Glaubenssätzen behaftet ist und die von dir noch nie gehört haben oder du das selber noch nicht erkennst, dann ist die Kommunikation auch sehr herausfordernd. Du sprichst ja die Äste von deinem Gegenüber an und du sprichst von den Ästen von dir. Ja und das ist dieser Bereich, der dann Konflikte entstehen lässt und deswegen ist es so wichtig, dass wir auf Gott hören. Und ihn können wir hören, wenn diese Schleier gefallen sind und Glaubenssätze weg sind. Das machst du durch dieses Training, das machst du durch das Üben und das machst du durch das Aufschreiben. Das solltest du wirklich sieben Mal am Tag machen. Dass du dir, egal wo du bist und sitzt, einfach auf irgendeine Art und Weise diese negativen Gedanken aufschreibst und diese schon ins Positive veränderst und dann fragst: Kann das auch wahr sein? Wenn du das erkennst, wie einfach das ist, dann lässt du dich nicht mehr von den Gedanken bestimmen. Die Bibel sagt dazu: Die Gedanken gehen unter den Gehorsam Christi, das heißt übersetzt: Christus ist die höchste Frequenz. Jetzt stell dir mal vor ‚wusch' die Frequenz kommt und eliminiert alle negativen Gedanken: Der Raum ist frei! Dafür bin ich für euch unterwegs, dass ich den Raum für euch öffne! Der Raum ist frei und du kannst entsprechend den Geist, die Stimme Gottes hören, dein geistiges Team, ja? Du kannst es hören. Ich habe einen ganz starken Impuls und möchte dich heute mal bitten, dass du Schattenarbeit machst mit deiner Mutter. Das ist jetzt ein ganz starker Impuls von mir. Und schreib jetzt mal die Punkte auf, die dich an deiner Mutter total nerven. Mit ihr machst du jetzt mal Schattenarbeit.

Folgende Hausarbeit: Überprüfung der Gedanken, die du über deine Mutter hast.

Und morgen sage ich da was dazu, ok? Bis dann!

9. Tag

Bist du bereit zu tanzen?

Jetzt bewege dich mal ein bisschen ...

Verlasse die Form ...

TANZEN

Wie weit bist du? Bist du warm?

Komm aus der Form ...

Komm bei dir an

Nun komm mal wieder an bei dir ... und leg die Hand aufs Herz ...

Jetzt machst du wieder genau das Gegenteil ... spür mal wieder in deinen Körper ...

Spür mal deinen inneren Körper in deinem Körper ...

Atmen ...

Wenn du getanzt hast, vielleicht spürst du dein Herz schlagen. Und dein Herz – haben wir ja gelernt – hat so viele Nervenbahnen wie dein Gehirn ... dein Herz ist dein Wegweiser ... dein Herz spricht mit dir ...

Dein Herz spricht mit dir ... komm an und lass mal deine Seele durch deinen Körper scheinen ...

Erfüllt mit der Liebe ...

Wer oder was bist du ohne Gedanken und ohne Geschichten? ... Fühl dich mal ...

Spür dich mal ...

Atmen ...

Komm mal ganz an bei dir ... und jetzt sag doch einfach mal ein ‚Danke' für das Schönste und Beste, was dir heute passiert ist.

Vielleicht magst du schon aufschreiben, was ist dein schönstes Erlebnis, was du dir heute oder gestern kreiert hast. Schreib das doch mal in dein Buch. Was war das heute? Was war das? Was würdest du jetzt in diesem Augenblick sagen, was war das Schönste, was du heute erlebt hast?

Genau das ist das, was du dir kreiert hast und das unterstreicht deine Schönheit. Du bist so wertvoll. Das wird noch mehr, denn du lebst jetzt deine Berufung, denn dafür bis du hier. Sie kommen jetzt und es ist so einfach, wenn du dich lebst. Nämlich dich als Seele ... und spür nochmal in dich ... spür nochmal rein und frag doch nochmal deine Seele, wozu bist du hier? Ja, wozu bist du hier?

...

Wunderbar, wunderschön!

Spür mal rein, wie weit du schon gekommen bist ...

Lass die Liebe durch dich zu anderen Seelen fließen ...

Ja, alle brauchen den Christus in dir ...

Jesus ist wunderbar ... er bringt diesen ganzen Reichtum hier auf die Erde ...

Mit deiner Schwingung aus deinem Herzen, wirst du die Menschen berühren. Und deswegen ist es einfach wichtig, dass du noch mehr in deiner Identität wächst und deswegen machen wir diese 21 Tage und nach Dr. Leaf darf dir einiges jetzt bewusst sein.

Du hast gehört, dass Denken elektrische Impulse sind, sie beeinflussen komplett deine Zellen, das ist das Gesetz der Anziehung. Es ist Vibration. Du bist Vibration. Es kommt aus der Quantenphysik.

Der nächste Schritt ist, einzusehen und zu erkennen, dass das was du denkst, bist du, und wie du deinem Körper schadest, wenn du so negativ drauf bist und Depressionen ausgelöst werden. Du erkennst jetzt auch, wie du es steuern kannst und wie du noch bewusster wirst, wenn du mit Menschen sprichst und noch mehr auf sie eingehen kannst und mit der Liebe im Herzen auf sie reagierst, indem du das Wissen mit Sanftmut erklärst und dein innerer Mensch immer stärker wird. Und dass du z. B. weißt, was dein Herz für eine Bedeutung hat und was dein Immunsystem bedeutet. Du weißt, was in deinem Verdauungstrakt passiert, wenn du denkst. Und alles beginnt mit dem Gedanken und das ist Jesus!

Jesus lehrt Gedankenerneuerung, indem wir in diese Übernatürlichkeit im Geist schon in diese Ebene gehen. Und es ist schon wieder so, dass wir von Himmel zu Himmel sprechen und uns jetzt einfach vorstellen, dass unsere Seele und unser innerer Mensch jetzt miteinander sprechen, wie wir – unser Tempel – gemacht ist.

Und du wirst es einsetzen können. Du wirst es weiter verwenden. Du wirst die Menschen informieren. Wie wunderbar ist es, wenn du von dir sagen kannst, dass du auch nicht mehr in der „Knechtschaft" bist. Jesus nennt das aus der Knechtschaft raus holen. Knechtschaft ist, wenn du einfach funktionierst und einfach die Dinge so unbewusst mitmachst.

Mit diesem Wissen wirst du für dich entscheiden können, wie der nächste Schritt ist und du wirst entscheiden, mit wem du sprichst und du wirst fühlen, wo Manipulation ist und wo das Herz offen ist. Das ist auch das Ziel, dass du einfach noch sicherer wirst. Dass du spürst, wenn Jesus sagt: Meine Schafe hören meine Stimme.

Wir haben das jetzt so vermittelt bekommen, wie das Gehirn funktioniert, was die Schaltzentralen im Gehirn sind, das hab ich grob angeschnitten. Es ging auch nochmal um das Reflektieren, dass wenn du einen Gedanken hoch holst und über ihn reflektierst, wie z. B. mit der Schattenarbeit, wie du das erkennst. Du sendest ja wieder elektrische Impulse raus und dementsprechend veränderst du das in deinem Unterbewusstsein. Das ist eine ganz wichtige Vorgehensweise, was du auch als Tool vielleicht schon kennst, aber jetzt auch den Menschen vermitteln kannst, wenn du ein Training machst, ja? Wie wichtig das ist, dass sie sich das aufschreiben, wenn sie negative Gedanken haben, dass sie das betrachten.

Und heute möchte ich nochmal auf dieses Notieren eingehen, wie wichtig das ist, denn der Prozess des Aufschreibens festigt das.

Wie ich gestern schon gesagt habe: Wenn du ein Gespräch mit jemandem hast, der eher noch unbewusst unterwegs ist, bereite dich vor. Habe immer einen Zettel und einen Stift bei dir und schreib dir immer wieder auf, was du dir gerade denkst. Reflektiere.

Ich möchte dir nochmal eine Methode ans Herz legen, wie du z. B. das für dich erreichen kannst, weil je mehr Selbsterkenntnisse du hast, desto mehr Festigkeit strahlst du aus: Du bist nicht mehr umzuschmeißen, weil du bist ja der Sturm. Und nicht der Sturm bewegt dich, sondern du bewegst den Sturm.

Und zwar stell dir vor: Vielleicht kennst du das? Mindmap?

Das Gehirn funktioniert ja mit der rechten und mit der linken Gehirnhälfte. Die linke ist eher die analytische und die rechte ist eher die emotionale. Deswegen möchte ich dich einladen, dass du heute ein Blatt Papier nimmst. Ich habe meistens einen Block bei mir, den hab ich immer bei mir und ich schreibe immer alles auf, was zu mir kommt. Immer. Ich schreibe alles auf, ich kann gar nicht anders, als dass ich mir immer alles aufschreibe und mich hinsetze und mir mein Hirn anschaue.

Es ist im Prinzip so: Diese Metacog Methode von Dr. Leaf, das ist im Prinzip Mindmap. Du kennst das vielleicht aus deiner Ausbildung. Das heißt, du schreibst in die Mitte deinen Gedanken – und so musst du dir auch dein Gehirn vorstellen – und dann malst du da Äste rein. In der Mitte dein Thema und dann machst du einfach Äste, die du unterteilen kannst in verschiedene Rubriken. Du zeichnest im Grunde genommen dein Gehirn auf ein Blatt Papier und das zeigt dir, wie du denkst. Und von diesem aus kannst du wieder Striche machen. Denk dran: Nur DU bist für deine Gedankenwelt zuständig, niemand sonst!

Das ist in dem Buch von Dr. Leaf hinten genau aufgezeigt, das kannst du dir ja auch anschauen, falls du dir das Buch besorgen solltest.

Nur du bist für dein Denken verantwortlich und wir wollen ja sensibilisiert sein, wachsam sein, was wir sagen, weil wir ja die Atmosphäre nicht noch weiter verunreinigen wollen und wir wollen ja den Menschen und uns helfen, zu manifestieren. Manifestieren geschieht, wenn wir ganz tief in uns verankert sind und ganz tief mit dieser inneren Seele, die wir ja auch spüren und mit der wir Kontakt aufnehmen. Die Seele wiederum ist mit Gottes Geist, mit seiner Kraft, mit seinen Gefühlen, mit seinen Vibrationen, mit seinem Feuer, nenn ich das mal, umhüllt.

Es gibt die linke und die rechte Gehirnhälfte und in dem Moment, wenn du beginnst alles aufzuschreiben, betrachtest du dich selbst und dann gibt es wieder die Schattenarbeit, die du nutzen kannst.

Du malst dein Gehirn auf ein Blatt Papier. Es stellt einen großartigen Weg dar, wie du über deine Denkmuster Tagebuch führen und dein Gedankenleben entgiften kannst.

Reflektieren bedeutet: Jeden Gedanken hinterfragen ob er wahr ist. (nach Byron Katie)

Und jetzt möchte ich nochmal von dir hören: Hast du Fragen dazu? Kannst du damit etwas anfangen, wie ich das mache? Und wie ich das beschreibe? Ist dir was bewusst geworden? Hat sich etwas verändert in deinem Alltag?

Das hat auch etwas mit deiner Stärke zu tun. Jesus nennt das, dass die Schatten weg sind, weil sich die Äste in deinem Gehirn jetzt verändern. Fällt dir das auf, dass du einen neuen Ast gelegt hast, wenn du einen neuen Gedanken denkst?

Jetzt habe ich mit jemandem besprochen, wie wichtig das ist, dass du jetzt in ein anderes Umfeld gehst. Die Zellen im Körper nehmen durch deine äußeren Sinne wahr, du nimmst in einem anderen Umfeld ja etwas anderes wahr und dadurch bekommst du ja auch andere Gedanken und hast eine andere Frequenz, die bei dir ankommt. Macht das Sinn für dich?

Also ich hab das z. B. bei Byron Katie gelernt. Es gibt natürlich verschiedene Methoden. Gott jedoch ist immer gleich, weil die Materie, der Geist ist ja immer gleich. Es ist ja nur die Frage, womit du deinen Geist füllst. Kannst du das für dich umsetzen?

Mit Schweigen kann man auch sein Gehirn entgiften ...

Gar nicht denken, in diesen gedankenlosen Zustand kommen ... .

Aus diesem Sein funktionieren ...

Was hat das jetzt mit Gott und dem Geist zu tun? Das ist das Gesetz der Anziehung ... und genau darum geht es. Wie ist dein Gehirn? Welche Äste hast du in deinem Gehirn? Der Mensch neigt dazu, immer wieder in sein gewohntes Umfeld zu gehen, weil er sich da sicher fühlt. Weil die Äste dieses Gefühl sind, was du kennst. Deswegen sagt man auch, dass Kinder, die missbraucht werden, nicht unbedingt aus diesem Umfeld genommen werden wollen, weil sie es dort gewohnt sind und ihre Zellen sich daran gewöhnt haben.

Und manchmal ist das so. Vielleicht kennst du Platons Gleichnis? Da sieht das so aus: Du bist in einer Höhle, lebst dort und schaust die ganze Zeit auf eine Wand, so musst du dir das vorstellen. Und jetzt gehst du raus. Wie ist das, wenn du aus einer Höhle gehst und in das Tageslicht trittst? Da bist du ja geblendet und so musst du dir das vorstellen, so ist das im Gehirn wenn du eine neue Bahn legst. Ja, die Reaktionen sind erstmal sehr anstrengend, die da in deinem Gehirn ausgelöst werden. Diese Vibrationen, die du dann im ganzen Körper spürst. Und wenn du jetzt zum Beispiel weiter gehst und das immer mehr festigst, dann fängst du an, neue Gehirnbahnen zu legen und jetzt musst du ins Tun kommen.

Dein Gehirn zieht dich schon dahin und deswegen ist es so wichtig, dass du schon mal reinspürst ... wie viele Seelen möchtest du begleiten? Und dann, wenn du in dem alten System steckenbleibst, dann hast du kein Erfolgserlebnis mit dem Unterbewusstsein. Nun stellst du dir das vor und malst das auf, das verstärkt das auch nochmal. Deshalb gibt es ja diese Visionboards. In dem Moment, in dem du das nochmal siehst, festigst du das nochmal und dann ist der nächste Schritt, dass du dich hin begibst.

Also, das Denken setzt was frei. Die Äste werden gebildet. Dann strömt durch diesen Gedanken das Glücksgefühl, wenn du dir das vorstellst, wie glücklich dich das macht. Stell dir vor, du hast 5 000 Euro auf deiner Bank, dass du täglich Menschen begleitest, dass dich das so glücklich macht, dass du frei, selbstbestimmt und unabhängig bist, dass du einen Traumpartner hast ... Wie ist das für dich? Wie fühlt sich das an? Fühl dich rein .... .

Und stell dir vor für dich: Wie fühlt sich das an? Und in dem Moment legt dein Gehirn schon die Bahnen an. Du legst die Bahnen an und es strömen die entsprechenden chemischen Stoffe in deinen Körper, in deine Zellen. Deswegen ist es extrem wichtig für dich und falls du Klienten hast, dass du dir und ihnen Perspektiven in den Kopf setzt. Ja, das stammt aus dem NLP[1].

1 NLP = Neuro-Linguistisches Programmieren

Du musst nur hören, was Gott will und deswegen ist es wichtig, dass du weißt: Was will Gott für mein Leben? Und dein Leben soll geprägt sein von Wohlbefinden, von Ermutigung, Glücksmomenten, Reichtum, Wohlstand, ...

Und das kannst du jeden Tag üben für dich, dass du ein Visionsbuch hast, die Dankbarkeit umsetzt, immer wieder ... und wenn du merkst, dass es da etwas gibt, was dich immer noch abhalten möchte, ein negativer Gedanke oder Angst, dann schreibst du das auf. Du schreibst es auf und schaust es dir an und reflektierst darüber: Ist das wahr? Was sagt eigentlich Gott über mich? Von wem kommt dieser Gedanke? Kommen da vielleicht Bilder aus der Vergangenheit, wenn du dir diesen Gedanken aufschreibst und daran glaubst ... ? Das sind all die Dinge, die du festigen kannst und wie du dich in dein neues Leben hineinbegibst, schon allein durch deine Visionen, durch deine positiven Gedanken, dass du weißt, dass du die neuen Bahnen lenkst. Nicht die Gedanken lenken dich, sondern du lenkst die Gedanken!

Hausaufgabe: Aufschreiben mit der Metacog Methode:

- Erfolgserlebnisse
- Erkenntnisse
- Erste Umsetzungen
- Wo könntest du hingehen, wo dein neues Leben schon ist?
- Wer ist dein Vorbild, Wunschort, Wunschtätigkeit, Wunschklamotten, Wunschmann ...
- Tanzen ...

Alles Liebe dir, bis morgen!

10. Tag

Guten Morgen!

Ich würde vorschlagen, du tanzt jetzt nochmal ...

Jetzt bewegst du dich mal ein bisschen ...

Verlasse die Form ...

Verlasse die Form ...

TANZEN

Bist du warm?

Komm aus der Form ...

Komm mal in deine Leichtigkeit ...

Und stelle dir vor, wie du das Programm in dir veränderst ...

Du kannst das auch selber machen ... tanzen ... dein Gehirn verändern ... es ist ganz wichtig für dich, dass du dich bewegst ...

So wie die Kinder! Die haben eine mega Power!

Überdenken

Heute ist schon Tag 10. Das Thema ist heute: „Überdenken"

Heute möchte ich nochmal über das Überdenken deiner Gedanken und die Proteine sprechen, ok?

Gott liebt dich! Und warum? Weil er weiß, dass dort das Licht ist, dass du das Licht bist!

Wenn du noch sitzt oder dich wieder hingesetzt hast, dann komm mal wieder an bei dir ... Lege die Hand aufs Herz ...

Spür mal deinen inneren Körper in deinem Körper ...

Atmen ...

Spür mal: Wer bist du?

Lass uns wieder auf dieser Himmelsebene unterhalten ...

Als diese unendlichen Wesen, die wir sind ... lass uns einfach bewusst sein, dass du ein unendliches Wesen bist ... ... hier auf der Erde ...

Mit einem wunderschönen inneren Körper ...

Veränderung der Coachszene ... Jesus stand auf dem Berg und alle kamen, also 5 000 Menschen und mehr kamen und genau so möchte ich dich auch erleben und jetzt spür mal in deinen Körper ...

Letztendlich geht es nur darum, es geht nur um deine Energie und es wird immer einfacher ... und unser Verstand wird jetzt nur noch gefüllt mit dem Wort Gottes ... mit der Wahrheit ...

Und wenn du sprichst, kommt nur die Wahrheit aus deinem Mund ... und der Heilige Geist nimmt deine Worte und füllt sie mit deinem Geist ...

So, jetzt komm nochmal in deinen Körper mit dem Bewusstsein, dass du genau das bist, dieses Wesen, diese wunderbare Seele, die jetzt erfüllt wird mit dem Geist Gottes, mit dem wir uns jetzt fokussieren ...

Stell dir vor, dass du dich jetzt ausdehnst ... dein innerer Körper über deinem Körper ... und über deine Wohnung ... Stell dir vor, dein innerer Körper dehnt sich aus über deinen Körper, über deine Wohnung, da wo du jetzt bist ... über dein Haus ... Stell dir vor, du dehnst dich mit deinem inneren Körper über deine Stadt aus, über das Land, über Deutschland, über Österreich, wo auch immer du gerade bist ... über die Schweiz ... über die ganze Welt dehnst du dich jetzt aus ... Stell dir vor, wie du dich über die ganze Welt ausdehnst nur über deinen inneren Körper ... Der über deinen Körper hinaus strömt ... bis ins Weltall ... Dein innerer Körper ... über die Erde ... bis ins Weltall ...

Du kommst jetzt plötzlich an ein helles Licht ... du bist ausgedehnt über die Erde, durch das Weltall und kommst an eine Quelle des Lichtes ... und du verbindest dich aus dir über die Erde ... über die Sterne ... über das Weltall ... in diese Quelle des Lichts ... du dehnst dich aus ... und verschmilzt mit dieser Quelle ... aus dir heraus ... das ist die Wahrheit ...

Du verschmilzt mit dieser Quelle aus dir heraus und genieß das jetzt mal und schau mal, ob dir ein paar Wörter kommen oder Bilder ...

Und stell dir vor, wie du verschmilzt mit dieser Quelle ... aus deinem Körper ... und alles, was nicht dieser Energie entspricht, wird jetzt aufgelöst ... es wird immer höher, die Energie in dir ...

Und komm zurück jetzt ... über das Weltall ... auf die Erde ... du dehnst dich aus und jetzt holst du dich wieder zurück ... kommst immer tiefer ... über die Welt zu dir ... über deine Stadt ... über deinen Ort ... über dein Haus ... über deinen Raum ... in dich hinein ...

So und jetzt stell dir vor ... jetzt fühl dich wieder komplett ... von dieser Reise ... von diesem Licht aufgetankt ... bist du jetzt da ... wunderbar ... wunderbar ...

Atmen ...

Und jetzt mach mal deine Augen wieder auf ... oder du lässt sie noch geschlossen ...

Komm mal an ...

Also, wir unterhalten uns jetzt als unendliches Wesen ...

Also ich bin ja die Seele in diesem Körper, und meine Seele ist erfüllt mit dem Licht Gottes und ich bin hier, um aus dieser Quelle zu wirken. Die brennende Seele, die sich bewusst ist, dass sofort, wenn sie spricht, dass es sich manifestiert und dass es dann in Erscheinung kommt.

Ich bin hier, um die Matrix zu verändern und die Wahrheit zu bringen.

Ich bin hier, um Lügen aufzudecken und Programme zu zerstören und ich bin hier, um Frauen in die finanzielle Fülle zu bringen.

Ich bin hier, um Geld zu bringen.

Ich bin hier, um Räume zu öffnen.

Ich bin hier, um aus dieser Kraft meiner inneren Seele zu wirken und zu leben und die Räume für all die Wesen hier auf der Erde zu öffnen, dass sie empfangen können, dass sie vor allen Dingen die Wahrheit erkennen können.

Weil die Wahrheit macht uns frei und du kommst nur über die Wahrheit an die Quelle. Und deswegen möchte ich dich einladen, deine ‚Ich-bin-Botschaften' heute noch einmal zu sprechen. Es ist essentiell für dich und für uns alle, weil du damit bestätigst, dass du für dich erkennst.

Es geht um das Bewusstsein, wer du bist und trotzdem kann es für dich in vielen Momenten wichtig sein, dass du diese wissenschaftlichen Prozesse erklären kannst. In dem Moment, wo du denkst, verändert sich sofort in deinem Gehirn etwas. Das bedeutet, dass das Gesetz der Anziehung sofort reagiert. Weil wir sind alle eins.

Das heißt, sobald du denkst und sprichst, veränderst du in dir etwas und du bist in diesem Universum und deswegen ist das Aufschreiben so wichtig, weil du dann sozusagen erkennst. Du siehst mit deinen äußeren Sinnen, kannst erkennen, wie dein Gehirn funktioniert, was in deinem Gehirn drin ist und was du empfängst. Weil du es wahrnimmst, weil es natürlich einen Ast in dir hat und du kannst nur das wahrnehmen, wo du dir bewusst bist, dass es ist. Immer wenn du dir das aufschreibst, veränderst du etwas in dir. Das sollte eine Routine werden – genau wie mit der Dankbarkeit – deswegen ist es auch so erfolgreich, weil die Menschen sich die Sachen aufschreiben und damit die Proteine im Gehirn verändern und sich innerlich auf das fokussieren, was Dankbarkeit ist und das ist wiederum die Verbindung mit Gott. Das nennt man neuroplastische Umgestaltung. Und das möchte ich, dass du das verinnerlichst und es deswegen aufschreibst.

Und jetzt stell dir mal vor, du hast in deinem Geist etwas versteckt, du hast einen Ast in deinem Gehirn und den willst du auflösen, du willst ihn transformieren, damit das Licht in dir noch mehr zum Vorschein kommt. Damit du auch nicht mehr negativ denkst und das in dir Eingeprägte zu deiner Überzeugung wird.

Ich bitte dich, dass du einfach jetzt weiter aufschreibst, die nächste Zeit, was dich betrifft, was du denkst, damit du das mal siehst, was in dir ist und damit auch in dich hinein will.

Du kannst das verhindern, indem du dich natürlich mit der Wahrheit beschäftigst, indem du z. B. die Verse abschreibst und indem du die Wahrheit aussprichst.

Das Aussprechen ist so wichtig. Weil du hörst es dann selbst und programmierst es selbst um. Sobald du wieder mit anderen Menschen sprichst, die dieses Bewusstsein nicht haben, das ist ja bei den Hochsensitiven der Fall, kann es für dich etwas Negatives bedeuten, d. h. du kaufst eventuell die alten Geschichten wieder ab. Und das möchte ich, dass du dich daran gewöhnst, dass du dich dafür sensibilisierst. Das ist ein Training.

Deswegen ist es so wichtig, dass du diese Mindmap machst, die ich gestern beschrieben habe und lass deiner Kreativität freien Lauf. Das macht auch Spaß oder das kann man z. B. auch spielerisch mit Kindern machen. Und je mehr du in deinem Kopf hast, desto besser ist das für dich. Solange wir noch Menschen sind, brauchen wir das noch. Wenn wir Lichtwesen sind, brauchen wir das nicht mehr 😉. Die „Entrückung" findet jetzt statt, das heißt, dass man hier auf der Erde dieses Lichtwesen wird. Es formen sich neue Proteine in deinem Gehirn, die um die Gene sind.

Und was ich schon empfehlen kann, ist dass du dir mal einen Vortrag von Bruce Lipton anhörst, damit du noch sicherer wirst. Der erklärt das auch sehr schön, dass nicht die Gene – wie bisher gedacht – uns bestimmen, sondern die Proteine um die Gene herum. Das ist die neueste Lehre und das sagt auch Dr. Leaf, die kann man sich auch auf YouTube anhören, das ist wirklich sehr interessant.

Es werden neue Schaltkreise gebildet und das hat wiederum was mit dem Gesetz der Anziehung zu tun. Weil das, was du hier jetzt hörst, dazu kannst du nicht mehr sagen, dass du es nicht gewusst hast.

Wenn du selber spürst, dass du Herausforderungen hast, das zu verändern, da setzt das Coaching an. Weil da hast du jemanden an deiner Seite, der dir dabei hilft. Und deshalb bist du auch eine Begleitung, um den Menschen zu helfen, in ihre Kraft zu kommen, neue Bahnen zu legen, Altes aufzulösen, zu transformieren, zu lösen, umzuwandeln, weil es geht. Sobald du etwas aufschreibst und dir anschaust, kann es nicht unverändert zurück in dein Unterbewusstsein gehen. Niemals!

Und deswegen ist dieses Geldthema auch für deine Kunden, denen du diese Werteanalyse[2] schickst, so wichtig. Denn die Werteübung zeigt an, wie die Menschen innerlich strukturiert sind und du kannst ihnen eben helfen, diese Kraft zu aktivieren und durch dieses Tool „Aufschreiben" verändern.

Schattenarbeit z. B. kann deinen Klienten helfen. Löse in ihnen Bilder aus. Lege in ihnen die neuen Äste ... den Baum des Lebens ... den Baum des Lebens ... den Baum des Lebens ... Da werden Proteine verändert. Und diese Proteine sind verbunden mit dei-

2 Die Werteanalyse steht auf der Verlagshomepage kostenlos zum Download zur Verfügung: www.loewenstern-verlag.de/macht

nem Unterbewusstsein und verändern dein Unterbewusstsein. Und dementsprechend hast du eine neue Ausstrahlung, eine neue Sichtweise, du denkst plötzlich anders. Und was wissen wir? Durch dein Denken ziehst du etwas Neues in dein Leben. Du ziehst etwas Neues in dein Leben, weil du anders denkst, weil du aufgeräumt hast, deswegen eben dieses Mentaltraining. Das ist sooo wichtig! Du kannst die Umstände nicht kontrollieren, aber du kannst deine Reaktion auf die Umstände kontrollieren.

Und das möchte ich dir zum Abschluss sagen: Weißt du, du bist vielleicht in einer Umgebung mit Menschen, wo das echt anstrengend ist, weil sie sehr viele Äste haben, die sich bei ihnen eingebrannt haben, die negativ sind. So, und jetzt möchte ich dich einladen, dass du wirklich mal für dich akzeptierst, und das ist auch Esther Hicks, das ist Rhonda Byrne, das ist Jesus, der ja sowie alles ist, die ja auch von ihm das erfahren, wie wir das hier erklären sollen. Es geht darum, dass du die Menschen nicht ändern kannst, du kannst aber ihr Denken ändern und das ist das, was Jesus gesagt hat: Erneuere deine Denkweise. Das ist das ganze Evangelium. Mehr ist das nicht und das machen wir jetzt gerade. Ja, Fokus aktivieren und stärken, ganz einfach. Ganz einfach!

Dann leg mal die Hand auf dein Herz ...

Und ich bitte dich, die ‚Ich-bin-Botschaften' heute nochmal auszusprechen ...

Damit du weißt, wer du bist ... dass du es dir selber nochmal sagst ...

Damit das die Welt, die Atmosphäre hört ...

Und komm jetzt wieder an bei dir ...

Und wir können noch viel leichter alles löschen, indem wir einfach wissen, wer wir sind in unserer Identität ...

Das ist der Zustand, aus dem wir leben ... ohne Worte ...

Wir SIND einfach ...

Achte auf die Impulse heute ... was dir begegnet ... auf diese Welle, die du ausgelöst hast ... wohin du dich begibst und wem du begegnest und was dir begegnet ... weil jetzt die Zeit ist ... die Energie wird jetzt immer höher ...

Sofort manifestieren ... und ‚zack' ist es da ...

Also, bye bye und bis morgen!

11. Tag

Guten Morgen!

Heute ist Tag 11 und ich möchte heute mal wissen, wie es dir geht und was du mit dem, was du hier gelernt, gehört und gespürt hast, anfängst.

Ich weiß, dass das manchmal nicht einfach ist, weil du so viele Äste in dir hast und Glaubenssätze angenommen hast und deshalb machen wir das jetzt hier, dass wir das auflösen und dass wir dich in deine volle Größe bringen.

Ich möchte dir das Buch von Dr. Caroline Leaf auch wirklich empfehlen, das ist so eine wichtige Grundlage, auch weiterhin, die du bekommst. Das ist einfach wissenschaftlich. Dadurch kannst du deine ganze Kommunikation auf eine ganz andere Ebene stellen … .

Außerdem möchte ich dich auch einladen, dass du dir bewusst bist, dass du es schon geschafft hast, hierher zu kommen, dass du es schon geschafft hast, bestimmte Grenzen zu überspringen. Ich möchte dich einladen, dass du dich weiter in deiner vollen Größe zeigst und auch in deiner Familie, und dass du dir treu bist. Und du hast schon Momente gehabt, in denen es dir gut ging und du diesen Frieden, diese Hormone im Herzen, die durch gute Gedanken ausgeschüttet werden, gefühlt hast. Und manchmal ist das so, dass du dich irritiert fühlst, weil Menschen sich von dir abwenden. Wenn du aber zu dem stehst, wer du bist und was du machst, ist das normal. Du stahlst ja zu 95 % und mehr im Äußeren raus. Du bringst ja dein inneres Wesen, deine

Seele zum Strahlen. Wenn du deine negativen Gedanken unterdrückst oder deine Angst zulässt, dann manifestierst du dir sofort das Negative. Und wenn du deine Seele nicht lebst, dann nimmst du vermutlich irgendwann Drogen oder eine andere Ersatzbefriedigung wie Süßigkeiten oder all diese Dinge. Ich möchte dich einladen, dass du dir noch mehr selbst zutraust. Hier ist der Raum, der die Möglichkeit gibt, zu heilen.

Man kann auch nicht darüber reden, weil es noch nicht jeder versteht, weil er noch eingeschlossen ist in diesen Strukturen seines Denkens. Und nur das Denken macht uns frei. Nur deine Bereitschaft mitzuwirken. Deine Bereitschaft, deine Situation durch dein Denken zu verändern, denn das Außen ist alles nur eine Projektion von dir selbst.

Ja, das ist die Quantenphysik auch. Das ist erwiesen mittlerweile, auch dieses biblische.

Warum tun wir das? Weil wir deine Sinne fokussieren auf Gott. Die ganze Zeit denkst und redest du nur über Jesus und über Gott. Und in diesem Namen „Jesus Christus" ist die Power des Universums, aus ihm werden Universen erschaffen.

Und deswegen möchte ich dich einladen, dass du da wirklich noch mehr in die Tiefe gehst. Und glaub mir, auch wenn wir nicht immer live sind, so sind wir verbunden in diesem Raum, der von Gott selbst hergestellt ist. Es ist so, als wenn du die Augen schließt und sofort weißt, und du bist in diesem Raum. Du bist in diesem Raum der Heilung. Die Menschen handeln nach außen gesteuert, sie müssen sehen und für dich ist es so, dass es vielleicht noch ungewohnt ist, ja?

Wir wollen auch immer mehr in die Tiefe kommen. Und die Tiefe erfährst du noch mehr, indem du noch mehr Hintergrundwissen bekommst. Wenn dein Verstand gefüttert wird, weil jeder Mensch funktioniert so. Jeder Mensch ist geprägt von Programmen, besonders wenn du in die Öffentlichkeit willst.

Geh auch genau dahin, wo du Angst hast. Geh genau dahin und mache das, wovor du dich am meisten fürchtest. Das öffnet Räume. Sonst bleibst du in deiner Komfortzone. Und du als Coach oder als BegleiterIN gehst vor und deine Klienten wollen auch, weil sie spüren, dass du diese Kraft lebst.

Steh zu dir und deiner Mission, sprich es aus, weil nur so bekommst du auch die Menschen, die Frauen und die Männer, die das wollen, die das auch schon haben, die dich sehen und dich erkennen und die wissen, dass du ihnen helfen kannst. So wie ich dieser Kanal Gottes bin. Ich steh ja dazu. Du bist bei mir.

So und jetzt ist die nächste Hürde dran und wir wollen uns nicht mehr auf dem Spielfeld der Oberflächlichkeit aufhalten. Ich merke auch, dass mich das langweilt und dann bin ich nicht in meiner vollen Größe und ich muss für dich in meiner vollen Größe sein und auch für andere.

Was hat das alles jetzt mit „Sehen & Erschaffen = Macht" zu tun? Die Macht muss man auch aushalten können. Man muss sich bewusst sein. Vor allen Dingen hast du diese ‚Ich-bin-Botschaften' gesprochen. Das ist eine Welle, die du in die Atmosphäre gesetzt hast.

Es werden Atome und Moleküle bewegt durch Menschen und es wird dir begegnen. Wenn du aber dieser Welle widerstehst, dann ist das ein Widerstand in dir und dann explodiert das in dir und dann kreierst du dir womöglich katastrophale Umstände. Du kreierst dir mit deiner Angst Situationen, die diese wiederum bestätigen, weil ja alles nur eine Projektion ist.

Ja und wir haben jetzt gelernt, was die Organe damit zu tun haben. Wie du dich fühlst innerlich, dieses Wohlgefühl ist dein Geburtsrecht. Dein Wohlgefühl ist deine Richtschnur, deine Freude im Herzen ist deine Richtschnur. Und wenn du als großes Wesen diese ‚Ich-bin-Botschaften' ausgesprochen hast und dem nicht folgst, dann ist das so, als wenn du einen Stöpsel da drauf stellst.

Wenn du jetzt nicht weitergehen magst, dann ist das wie so ein Staudamm. Und deswegen sage ich auch zu vielen, die ich begleite: Du hast das jetzt ausgesprochen, dann gehe den nächsten Schritt und vertraue Gott, dass das jetzt kommt, wenn du weitergehst. Wie soll Gott dir das geben, wenn du aus deinem Kopf, aus diesen Gedankenstrukturen, die wir durchgegangen sind in den letzten Tagen, nicht rausgehst? Wie soll dann das Nächste kommen? Einstein sagte, es ist Wahnsinn, andere Ergebnisse zu erwarten, wenn wir immer das Gleiche tun. Dann hast du immer die gleichen Resultate, dann ändert sich nichts.

Also, bye bye und bis morgen!

12. Tag

Guten Morgen!

Ganz ehrlich, ich weiß noch gar nicht, was ich heute machen will. Ich wiederhole jetzt nochmal kurz.

Ja, wollen wir nochmal tanzen?

Tanz nochmal ... aufstehen und tanzen ...

Bewegungen, die gut tun ...

Aus der Form raus ...

Was gibt es Schönes?

Ich frage mal in den Geist, was heute dran ist. Ja, ich will einfach mal hören, was wir jetzt als nächstes machen.

Wie geht es dir? Gibt es irgendwas zu berichten? Möchtest du etwas schreiben? Was ist passiert? Gibt es etwas Schönes zu berichten? Schreib es für dich auf.

Heute wollen wir nochmal aktivieren, die Äste. Und vielleicht spricht deine Seele schon mit dir. Born to be free ...

Wir wollen heute nochmal über die Stellen in deinem Gehirn sprechen, die dich noch daran hindern, dass du in deine größte

Meisterschaft kommst. Wer bist du eigentlich hier auf der Erde? Also, wer bist du eigentlich in deinem Körper? Komm doch mal an jetzt! Und spür dich mal wieder in deinem Körper ... Wer bist du? Und das ist die Wahrheit! Das ist die Wahrheit und wer bist du ohne Gedanken und ohne Geschichten? Spür doch mal!

Wer bist du ohne Gedanken und ohne Geschichten?

Wer bist du? Spür mal die Verbindung mit Gott und dem unendlichen Universum ... Schau mal, was für Bilder kommen ...

Spür mal in dich ...

Und weißt du, der Lebensstil des Glaubens heißt ja, dass du das, was du siehst, jetzt im Geist manifestieren kannst, sofort, und hol dir mal das Gefühl dazu: Wer bist du? Ich habe heute Morgen geschrieben, was Gott mir gezeigt hat. Ich habe mir das nicht ausgedacht, was Gott mir gesagt hat, dass meine Seele in der direkten Verbindung mit Gott selbst ist.

Ich bin die weltberühmte und heilige Heilerin. Jeder Mensch auf der ganzen Welt will mich kennenlernen. Ich verändere die Matrix sofort, wenn ich mich bewege und aus meinem Mund kommt nur die Wahrheit, weil mein Herz mit Gott selbst verbunden ist. Ich brenne, weil ich direkt mit dem Thron Gottes verbunden bin. Meine Seele weiß um die Ewigkeit. Meine Seele ist hier auf der Erde in diesem Körper, um die reinste Form der Weiblichkeit, der Sexualität und der Hingabe zu leben. Ich bin geschützt und ich bin frei.

Ich möchte dich einladen, dass du das auch fühlst, wer du bist in deiner Seele. Komm mal weg von deinen Impulsen und dass du von außen gesteuert wirst und wir setzen das jetzt mal frei, dass alle Gedankenäste – so wie wir das gelernt haben – in deinem Gehirn frei werden. Alle Äste werden frei. Da ich ja die weltberühmte Heilige und Heilerin bin, bei der du lernst, ja? Du bist ja direkt erwählt von Gott selbst, das ist die Wahrheit.

Stell dir mal vor, du hast die Fähigkeit, sofort durch dein Sein zu heilen, ohne viele Worte. Und ich möchte dich einladen, dass du das so ausstrahlst. Weil, wenn du das ausstrahlst, dann kommunizierst du auch so, das heißt, wenn du (Kunden)Gespräche hast, musst du diese Frequenz haben. Sie kommen zu dir, weil du ihnen helfen kannst.

Und ich spüre jetzt, dass ich gerade was durchtrete bei dir. Ich spüre jetzt gerade eine Mauer vor mir. Eine ganz starke Mauer spüre ich jetzt gerade vor mir, ja. Und jeder, der das hier liest, der im Geist jetzt auch ist, alle Seelen, die jetzt auch hier sind auf diese Aussage reagieren, befreien wir jetzt. Weil du musst dir das so vorstellen.

Natürlich entsteht eine Mauer, so ziehst du förmlich die Dunkelheit an und das ist das Bild wie Jesus Christus vor 5 000 Menschen steht – die sind zu ihm gekommen – das ist dieses Bild, wo er auf dem Berg stand und sie sind zu ihm gekommen. Was glaubt ihr, wie er sich gefühlt haben muss. Und genauso geht es uns oft und mir geht es auch sehr oft so, dass ich das spüre. Ja, diese Ängste, die nicht die Wahrheit sind, in die du verwickelt bist. Und ich möchte dich einladen, dass du jetzt alles durch dich durchfließen lässt. Komm mal an jetzt in deinen Frieden und in deine Freiheit.

Wenn die Seelen wissen – wenn die Atome und die Moleküle wissen, dass du aus Gott bist, dann ziehst du alles an, weil du bist der Sog. Du bist der Sog ...

Du bist der Sog ...

Du bist der Sog ...

Du bist der Sog …

Du bist der Sog …

Du bist der Sog …

Und deswegen: Lauf davor nicht weg, dafür machen wir das hier ja. Und je nachdem, in welcher Umgebung du gerade lebst, bist du natürlich mit Minderwertigkeit konfrontiert und die Menschen wollen dich. Sie wollen dich. Weil wenn du mit der Quelle des Höchsten verbunden bist, dann bringst du, du allein bringst die Wahrheit. Du allein bringst die Wahrheit.

So und jetzt stell dir dein Gehirn vor, leg mal deine Hände auf deinen Kopf und stellt dir vor, dein Gehirn wird jetzt komplett erneuert, durch deine Hände der Heilung wirst du jetzt komplett erneuert. Dein Gehirn wird jetzt erneuert. Dein Gehirn – du kannst auch anfassen, wo du willst – gehe einfach mit deinen Händen da hin, wo es dir gut tut. Wo du glaubst, dass die Stelle und der Moment ist, wo du deinen Kopf berührst.

Egal wo. Du berührst es jetzt. Du berührst es jetzt einfach …

Ausatmen …

Du hast jetzt schon gelernt, wie der Körper funktioniert. Du wusstest es vielleicht schon, wie das Herz reagiert, wenn du denkst. Und ich lade dich ein, dass du dir dessen bewusst bist. Konzentriere dich auf dich und beobachte, welche Schatten du im Außen siehst, weil das Außen eine Projektion von deinem Inneren ist.

Merkst du das? Es braucht nicht viele Worte …

Und das schenkst du mal deinen Kunden, wenn du mit ihnen in Kontakt trittst. Sprich gar nicht viel mit ihnen und wenn du sprichst, sprich die Wahrheit. Sprich zu der Seele: Ich erkenne dich und du bist hier, weil du so wunderbar gemacht bist und weil du auch erwecken willst. Und das Thema Geld, das Geld darf zu dir kommen, weil du auch nicht das Geld bist, sondern das, was hinter dem Geld steht, ja?

Schreib mal auf, später, wozu du Geld verdienen möchtest.

Wofür bist du dankbar? Ja, wo ist die Dankbarkeit? Wo bist du dankbar für dein Geld? Und jetzt transformiert sich schon alles. Es ist eine Entscheidung. Die Entscheidung von dir. Dass du entscheidest, dass sich jetzt alles transformiert.

So einfach ist das ... so einfach ist das ...

Heute möchte ich einfach mal in diesem Stadium bleiben, ja?

Und wie bist du hier bei der weltberühmten Heiligen und Heilerin, die mit Jesus Christus selbst spricht und Jesus Christus sagt: „Fürchte dich nicht!“ Weil Furcht zieht Furcht an.

Ich setze jetzt frei in dir, dass die Gnade fließt. Dass du Erkenntnisse bekommst. Fass dich ruhig noch mal ans Gehirn, dass alles weggeht. Dass wirklich alles weggeht.

Alles geht weg ... alles ...

Alles geht weg ... alles geht weg ... alles ...

Alles strömt weg ... alles strömt weg ... aus deinen inneren Herzensangelegenheiten ...

Dein Herz ist mit dem Gedanken verbunden ...

Übernatürliche Heilung ... jetzt ... übernatürliche Heilung ...

Die Menschen möchten diese Berührung im Herzen. Jeder möchte die Berührung im Herzen. Und ich schaue gerade mal bei Dr. Leaf, wenn wir nochmal ein bisschen das Wissenschaftliche anschauen wollen. Ich muss da gar nicht mehr drauf eingehen, weil mittlerweile weißt du, dass chemische Substanzen ausgegossen werden, sobald negativ gedacht wird. Und jetzt stell dir nochmal vor, du siehst durch die Menschen hindurch und du siehst ihr Gehirn: Ist das eher hell oder ist das eher dunkel?

Ja, ich lade dich ein, dass du das aushältst und einfach mit dieser Information, die du jetzt schon innerhalb dieser 21 Tage hast, die Menschen sofort zu deinen Kunden machst, sofort, weil du ihren Verstand ansprechen kannst. Die Menschen brauchen den Verstand, der überprüft, ob das, was sie hören, wahr ist. Und wenn sie es noch nicht besser und anders kennen, was du hast, dann hol sie da ab, wo sie sind.

Und die Dr. Leaf beschreibt das wirklich sehr gut, was du einsetzen kannst, um diesen Menschen zu erreichen. Und das ist jetzt dein Training: Suche dir heute einen Menschen, dem du das erklärst, was du gelernt hast.

Leg nochmal deine Hand aufs Herz ...

Chemische Botenstoffe ... du kannst dir jede einzelne Zelle vorstellen ...

Sehen & Erschaffen = Macht. Macht ist, wenn du das erkennst. Du bist dann nicht mehr ein Spielball, du kannst hinterfragen, du kannst überprüfen: Ist das jetzt gerade mein Gedanke oder ist das jemand anderes, dem ich das abkaufe? Werde ich gerade fremdgesteuert? Wo ist hier die Kraft dahinter? Welche Energie spüre ich gerade bei dem Menschen, der mir gegenüber steht? Welche Energie spüre ich, wenn ich zu Hause bin? Wie kann ich das verändern?

Du kannst in deinem Inneren aus der Situation kommen, wenn du dir innerlich schon vorstellst, wie du es haben willst. In dem Moment, in dem du dir das innerlich vorstellst, veränderst du schon die Atmosphäre. Du veränderst die Atmosphäre.

Ok, also deine Hausarbeit:

Suche dir einen Menschen, dem du heute erklären kannst, was du gelernt hast. Was Denken ist, was das mit dem Körper zu tun hat. Das muss nicht im Detail sein. Es reicht, wenn du erst mal anfängst, an der Oberfläche zu erklären. In dem Fall reicht das jetzt. Und dann schaust du mal, wie dieser Mensch reagiert, ja?

Ich wünsche dir einen ganz tollen Tag!

13. Tag

Guten Morgen!

Wie kannst du die biblischen Grundlagen noch besser verstehen?

Warum funktionieren wir nach dem Gesetz der Anziehung?

Was hat das mit dem Geist Gottes zu tun? Ich habe heute Morgen so coole Bibelstellen gelesen. Ich werde diese Stellen jetzt hier auch noch mal vorlesen.

Ich habe den Johannes 14 und Galater 5,6 gelesen. Das Wort Gottes ist ja inspiriert und das ist mein Code, das ist der Schlüssel und das ist die Wahrheit ...

Die ‚Ich bins' sind sehr mächtig. Es geht darum, dein Unterbewusstsein zu verändern und wir haben gelernt, dass du durch dein Aussprechen und dein Sein dein Unterbewusstsein verändern kannst, weil du Gehirnbahnen gelegt hast, die dich bestimmen, d. h. da ist etwas eingebrannt in deine Gehirnbahnen, das dich bestimmt, und wir wollen das auflösen, indem du dir neue Informationen jetzt zulegst, d. h. du bekommst in diesem Part jetzt Dinge gesagt, die greifbar sind, das ist schon etwas, was in Form gebracht ist.

Dr. Leaf schreibt das ja als Wissenschaftlerin sehr schön, was es heißt, wenn du in deinem Körper denkst, was das mit dir macht. Deswegen werden auch die Schulbücher neu geschrieben werden müssen, weil einfach jetzt die Zeit ist, dass die Quantenphysik nicht mehr außer Acht gelassen werden kann, und das bedeutet, dass jetzt die Zeit ist, wo alles ans Licht kommt. Das hat Jesus gesagt.

Das hat auch wieder was mit den 21 Tagen zu tun. Was bedeutet das jetzt? Dein Gehirn ist eingebrannt, du hast Äste, du hast Bäume in deinem Gehirn. Alles, was du chemisch und botenstofftechnisch ausgesandt hast, durch diesen Glauben, den du abgekauft hast, hat sich das in deinem Körper verteilt. Das Gesetz der Anziehung bringt dir das, was in dir ist.

Also alles, was du siehst im Außen, ist eine Projektion deines Inneren, oder dein ganzer Körper zieht das an. Und ich möchte dich einladen, dass du dich darauf einlässt, das in dir aufzunehmen, weil das etwas ist, womit du deine Kommunikation veränderst. Du kannst dadurch Worte vom Wort her noch besser vermitteln, ja?

Das Ziel ist natürlich, dass wir heilig sprechen, nämlich SIND. Und das sollte auch uns klar sein: Egal was ist, wenn du bist, ist es schon. Wenn du bist, ist es schon. Und das ist, wenn du dein Gehirn ausgepustet hast, wenn du es leer gemacht hast, wenn du es entgiftet hast.

Deswegen diese 21 Tage. Es ist nicht immer leicht. Weil natürlich kratzt man bestimmte Dinge an, Wissen ist nicht Weisheit. Weisheit ist Gott. Und Gott ist Liebe. Und Liebe ist nicht nur ein Gefühl, Liebe ist auch eine Entscheidung. Und Liebe ist ein Tun. Und Liebe ist auch ein sich Entwickeln. Liebe ist Kraft.

Das Wort Liebe ist das am meisten missbrauchte Wort, das es gibt. Und dieses 21-Tage-Training, da bekommst du jetzt Informationen, womit du deinen Wortschatz bereicherst. Wo all die Spiritualität mit dem Neuen sich verbindet. Und deswegen tun wir das hier, ja?

Worüber ich mich natürlich sehr freuen würde, wenn wir nach Außen noch sehr viel stärker auftreten. 21 Tage ‚Ich-bin-Botschaften' sprechen. Die ‚Ich-bin-Botschaften' sind im Prinzip: Der Mose stand vor Gott vor dem brennenden Dornenbusch und es geht darum, dass du die ‚Ich-bin-Sätze' aktivierst, die Gott über dich sagt. Gott sagt etwas über dich.

Er möchte, dass du die Identität in ihm anerkennst und das sprichst du aus. Und das ist auch das mit den Bibelversen. Es gibt jetzt bald ein Buch, wo ich diese Bibelverse noch einmal zusammenfasse und etwas erarbeite in Unterstützung mit dem Wort und anderem Unternehmen. (Mittlerweile schon erschienen und erhältlich unter dem Titel ‚Magdalenabewegung: Das ist erst der Anfang ... und es hört nie wieder auf!')

Es gibt diesen einen Vers und der sagt: Und in Christus gilt weder die Beschneidung noch unbeschnitten sein etwas, sondern der Glaube, der durch die Liebe wirksam ist. Und diese Beschneidung, noch unbeschnitten sein, das ist nach den Gesetzen das tun. Also Jesus beschreibt seinen Aposteln so das Alte Testament aufgrund des Gesetzes. Das heißt, die Juden sind voll im Gesetz. Die feiern auch bestimmte Feste und haben bestimmte Rituale, sprechen das aus und handeln dementsprechend. Man muss auch wissen, die glauben auch nicht, dass es Jesus gibt. Als Messias. Die warten noch und denken, das ist ein mega König und da haben sie auch Recht, weil wenn Jesus jetzt wieder kommt, dann ist das auch ein mega König.

Weil er reich ist und wohlhabend, genau.

So und ich möchte dich einladen, dass du jetzt für dich erst nochmal fokussierst und hier bleibst und jetzt fokussiere dich mal auf meine Worte.

Ich lese das nochmal vor: Und in Christus gilt weder die Beschneidung ... Das bedeutet, dass der Glaube das Manifestieren im Geist ist und das kannst du ja machen, indem du dein Gehirn entgiftest. Wenn du dein Gehirn entgiftest, dann ist es rein und dann kannst du diese Reinheit auch spüren, wahrnehmen und erkennen und leben. Solange du noch Äste hast, die auf Wissen aufgebaut sind, und du noch abwägst und vergleichst und nicht ins Fühlen kommen kannst, bist du noch mit den Ästen im Gehirn beschäftigt. Das heißt, die sind wie eine Barriere oder Blockade, die nicht entsprechend in diese Tiefe bringen von Gott.

Das Ziel der Bibelverse ist ja, dass du immer nur auf Gott fokussiert bist, auf nichts anderes. Ja, du denkst die ganze Zeit nur an diese Worte, aber dein Unterbewusstsein ist die ganze Zeit mit diesem Geist verbunden und das ist das, was ich erklären soll. Das ist das, was Gott mir gesagt hat. Und das werden wir umsetzen, so lange, bis du diesen Reichtum der Herrlichkeit erkannt hast. Wenn du die ‚Ich-bin-Botschaften' aussprichst, veränderst du deine Atmosphäre um dich, das heißt, du musst dir das so vorstellen: Alles, was wir sehen, ist Energie. Wenn du das unter ein Mikroskop legen würdest, würdest du sehen, dass alles, sogar dein Tisch und du selber vibrierst. Die Manifestation des Geistes ist die niedrigste Schwingung, die es gibt. Also deswegen auch oft so schwer. Und du greifst sozusagen in diese Materie ein, indem du sie veränderst, und deswegen ist das jetzt auch so wichtig, dass du mit diesen ‚Ich-bin-Botschaften' weitermachst.

Denn wir hatten ja jetzt schon das Fest in Langenargen und das ist schon ein Produkt von dem, was ihr in der anderen Gruppe gemacht habt. Das ist schon entstanden, weil es euch dient. Es dient euch. Es dient jedem einzelnen von euch. Und durch das ‚Ich-bin' sprichst du mit der Schwingung.

Wenn jemand Musiker ist, dann ist es das Musikinstrument und diese Schwingung trifft auf das, was um dich ist. Und du sprichst damit – wenn du die Botschaft Gottes aussprichst – erinnerst du immer den Funken Gottes in dem anderen. Du erinnerst ihn immer an diesen Funken. Weil wir haben ja alle diese Schnur mit Gott. Der ist hier ungefähr im Herzen. Und der Geist sitzt im Bauch. Die anderen Spiritualitäten nennen dies den Solar Plexus. Deshalb hast du auch oft Schmerzen im Bauch, wenn du etwas tust.

Bei diesen ‚Ich-bin-Botschaften' geht es in erster Linie um deine Schwingung, die du ausstrahlst. Du strahlst diese Schwingung aus. Ich möchte dich einladen, dass du da noch intensiver schaust. Und dieser Vers, der sagt das aus. Glaube ist das, was du noch nicht siehst und in Erscheinung bringst, und die Liebe formt das. Und deswegen ist das so wichtig, dass du die Dankbarkeit aussprichst und je tiefer du es schaffst, in das Gefühl hineinzukommen, desto schneller aktivierst du das, was du dir wünscht, was du dir vorstellst.

Ja, wenn du dir vorstellst, dass du jetzt 5 Kunden mit 4 000 € hättest. Wenn du dir vorstellst, wie du Menschen glücklich machen kannst. Wenn du dir vorstellst, dass du mit deiner Familie in Frieden und in der Liebe lebst. Dann wirst du das erleben. Und wie fühlt sich das an? Und das ist das: Du glaubst es, du stellst es dir vor, weil du es glauben kannst. Und alles, was du glauben kannst, ist. Alles. Spürst du es und fühlst du es mit der Liebe? Das Fühlen ist Gott, deswegen ist diese Dankbarkeit so wichtig.[3]

Da holst du Leute ab. Jetzt mittlerweile kommen schon andere Leute zu mir, die z. B. schon dieses biblische Grundwissen haben.

3 Die 28-Tage Dankbarkeits-Challenge ist ein spezielles Training von Simone Magdalena Lulis. Die Tagesimpulse werden täglich online versandt und sind erhältlich im Online-Shop des LöwenStern Verlags: https://www.loewenstern-verlag.de/macht.

Da muss ich nicht mehr viel erklären, weil für mich ist das ja auch ein Kampf. Das ist ja ein Widerstand, den du womöglich spürst und hast. Und das spürst du, weil du das gar nicht bist.

Das ist das ganze Geheimnis, was dein Körper damit zu tun hat. Deswegen sind diese Übungen so wichtig, deswegen ist das für deine Kunden so wichtig, dass du sie abholst mit der Dankbarkeit, dass du sie 21 Tage begleitest und danach kommt diese Phase der Heil-Manifestationskraft. Die aktivierst du dann und dann fangen die Wunder noch mehr an, als wir uns das vorstellen können.

Mit diesem minimalistischen Konzept, das ich jetzt grade erarbeite, fängt das an, dass wir Materie verändern, dann fängt das an, dass wir die Healingrooms immer mehr und weiter etablieren auf der ganzen Welt.

Dann würde ich sagen, verbinde dich nochmal mit dir selbst. Und leg die Hand auf dein Herz.

Wort. Ich bin Wort. Du bist das Wort. Weil Gott ist in dir.

Du kannst auch sagen: Ich erfülle den Glauben, weil ich meinen Nächsten liebe wie mich selbst.

Sprich immer die Sprache deines Kunden. Keine Versprechungen, sondern Hilfe. Es ist ein Prozess. Und wie es ausgeht, ist offen.

Du kannst niemals einen Menschen überzeugen, dass er dich lieben soll. Du kannst dir nur vorstellen, wie es ist, geliebt zu werden. Stell dir mal vor, wie das ist, wenn du dich selbst liebst.

Der Mann ist das Bild der eigenen Selbstliebe. Die Frau sucht in sich selbst den männlichen Anteil. Sie sucht Gott. Arbeite so, wie du es vom Herzen her mitgeteilt bekommst.

Bleib in der Ruhe und in der Stille.

Bis morgen!

14. Tag

Guten Morgen!

Wir befassen uns ja immer noch mit „Wer hat mein Gehirn ausgeschaltet?“ von Dr. Caroline Leaf.

Gestern haben wir nochmal darüber gesprochen, über das Wort. Es geht ja darum, dass das negative Denken natürlich auch Spuren in unserem Gehirn hinterlässt, in dem es Äste reinbrennt (siehe Bilder im Buch von Dr. Leaf).

Es ist ja so, dass man es einfach nicht mehr verleugnen kann, auch in der Wissenschaft, dass das Denken und die Bibel das Gesetz der Anziehung beschreibt. Das sind Zellen und Botenstoffe, die ausgeschüttet werden, wenn du denkst.

Negativ – jeder Gedanke ist ein elektrischer Impuls, der deinen ganzen Körper dann durchströmt. Wir haben ja diese drei verschiedenen Sorten von Stress: Das ist der, der plötzlich da ist. Dann ist da auch der, der schon länger da ist. Und dann dieser ganz tiefe, andauernde Stress und der brennt sich ein und das verursacht dann auch Depressionen und Erschöpfung. Das heißt, du wirst nicht mehr mit Dopamin und Serotonin ausgestattet, das Herz schüttet auch nicht mehr die Hormone aus und diesen Stoff, der den Frieden verursacht in dir.

Das Innere eines Gehirns ist auch sehr interessant anzuschauen. Ja, das wird dich bereichern, weil du das einfach nochmal verinnerlichst. Das ist auch entspannt, weil man das aufnehmen kann, was passiert, wenn du denkst. Also hier steht jetzt z. B.

ein aktiver Gedanke als schematische Darstellung, also das heißt, man kann diese Gedankenströme schon messen.

Die Menschen sind ja eher schauend, als wäre es so, dass sie es brauchen, das nochmal zu sehen.

So. Jetzt geht's darum: Dein Herz ist in ständigem Austausch mit deinem Gehirn und dem Rest deines Körpers. Es kontrolliert die Genauigkeit und Integrität deiner Gedanken. Wenn du gerade dabei bist, eine Entscheidung zu treffen, lässt dein Herz ganz dezent einen Ratschlag einfließen und das bedeutet ja, dass du dieses Hormon ausschüttest, und wenn du dann auf dein Herz hörst, sondert es das ab, was dir ein Gefühl des inneren Friedens gibt. Und deshalb ist es so wichtig, diese Gedanken zu beobachten, die du hast.

Neben dem, was Dr. Leaf schreibt, gibt es auch noch andere Möglichkeiten, wie Schattenarbeit und/oder die Fragen von Byron Katie. Das hilft dir, Gedanken als das zu sehen, was sie sind. Wenn du z.B. in deinem Umfeld bist, denkt jeder Mensch. Ungefähr 60 000 Gedanken pro Tag und Mensch. Jetzt stell dir mal vor, du bist in einem Pulk von Menschen und alle denken. Das sind jedes Mal elektrische Impulse. Wenn du dann in deinem Leben viel denkst, hast du in deinem Gehirn schon Bahnen. Je nachdem, wie ein Impuls bei dir ankommt, entsprechend der Schwingung, wie der Mensch denkt, handelst du entsprechend.

Wenn du diesen Frieden im Herzen hast – darum geht es in der Meditation oder in der Entspannung und viele beruhigt es z. B. in der Bibel zu lesen – und wieder in dir ankommst, wenn du dein Herz spürst, wieder ankommst in deinem inneren Körper, wenn du dich selber sehr gut kennst, wie du dich anfühlst, wie du wirkst in dir, ja dann bist du in der Lage, alles im Außen zu erkennen.

Es gibt tatsächlich Situationen, die du kaum aushältst oder wenn du irgendwo wohnst, ganz offen gesagt, die Impulse gehen ja auch durch Wände. Weil selbst ein Haus strahlt ab und du nimmst es auf oder du lässt es eben durch dich durchgehen. Ich glaube, Jesus Christus hat das bestimmt alles durch sich durch gehen lassen. Der war da ganz trainiert, er war ja über der ganzen Energie. Also das Ziel ist ja, dass du in diese hohe Energie über den anderen Energien kommst. Denn es gibt ja eine hohe Energie, und die ist über all dem.

Die Gedanken aufzuschreiben, ist ganz wichtig, weil das Aufschreiben gibt dir mehr Klarheit, worüber du nachgedacht hast und es hilft dir, die Bereiche besser wahrzunehmen, die entgiftet werden müssen. Also alles aufschreiben. Ich selbst hab immer einen Block und einen Stift dabei, wo ich permanent alles aufschreibe, was ich denke, was durch mich durchfließt.

Wenn du in der Bibel liest, kannst du nicht denken, das vertreibt dann die negativen Gedanken, weil das ja eine sehr hohe Energie ist. Weil ich mich ja dann mit Gott verbinde. Und wenn ich dann abends im Bett liege, schreibe ich mir natürlich auch nochmal so auf, was für Gedanken da sind, und da ich ja mit Jesus die ganze Zeit rede, vertreibt das ja die dummen Gedanken und deswegen ist es auch so wichtig.

Ich habe das gestern schon mal gesagt, die Maria Magdalena ist ja von 7 Dämonen befreit worden und ist dann immer in Jesu Nähe geblieben. Und es gibt ja auch den Vers: Wo zwei oder drei in meinem Namen zusammen sind ... (vgl. Matthäus 18,20). Das macht doch Sinn: Man hilft sich gegenseitig, diese Energie zu halten, denn es geht ja um Energie, und da kommen wir auch wieder zum Gehirn zurück. Das ist es, was wir brauchen, um uns anzuerkennen. Du lernst dich selbst super kennen und dieses Lineare, das ist schon nicht unwichtig.

Es gibt Menschen und Kinder, die können diese ganzen Verknüpfungen herstellen und dadurch, dass sie das können, entsteht Ewigkeit ... Diese Ewigkeit ist genial. Du wirst immer sensitiver, wenn du mit dir in Frieden bist und in der Ruhe, dann bist du mit Gott. Wenn dann negative Gedanken kommen, gilt es für dich zu überprüfen, ob das alles deins ist, was da kommt. Gott ist die höchste Energie. Und natürlich spürst du das auch. Für dich ist wichtig zu erkennen, was du für eine hohe Sensibilität hast und dass du dann eine Strategie hast.

In welchem Umfeld bist du gerade? Du spürst immer, in welchem Umfeld zu bist. Also für Hochsensible ist es ganz schwer, wenn du nicht in deiner Berufung lebst. Deshalb ist es so wichtig, dass du dahin kommst, weil du gar nicht anders kannst, sonst gehst du kaputt. Zum Beispiel reden, reden, reden ... wenn das deins ist, dann kannst du gar nicht anders und dann strömt die ganze Zeit die Liebe Gottes durch dich durch. Ja und deswegen ist es so wichtig, dass du in deine Berufung, in dein richtiges Umfeld kommst.

Und wenn du jetzt z.B. im Inneren das Mindset eines Millionärs, einer Heilerin, einer selbstbestimmten, unabhängigen Frau hast. Wie würdest du dich verhalten? Wie würdest du dich entscheiden?

Du malst dir die ganze Zeit im Kopf diese Bilder und das ist ja Mentaltraining. Das ist auch schon erwiesen, denn Sportler machen das ja auch so. Dann stellst du dir die ganze Zeit das Ergebnis oder das Ziel vor, und so legst du auch diese neuen Äste. Und wenn du dann noch so entscheidest und das tust, was du dir vorstellst, indem du dich hin bewegst, und wenn es schrittweise ist, indem du dir z. B. ein schönes Kleid kaufst, dann bist du immer gesettelter und du aktivierst das in deinen Zellen.

Allerdings neigen wir oft dazu, wenn's kompliziert wird, dann sagt unser Körper dazu: Nö, ich will lieber beim Alten bleiben und ich will nicht, und die Zellen, die kennen das nicht, und dann regt der Körper sich. Dann ist das so, als ob du dich durch etwas durch schlängelst. Das ist dann eng. Das ist unruhig. Das ist komisch. Das ist so, wie wenn du einen Schwamm ausdrückst und dann, wenn du den Schwamm ausgedrückt hast, dann kannst du atmen. Dann bist du im Neuen.

Du hast etwas in dir vorbereitet, indem du das schon gedacht hast und das ist das, was Glauben ist. Dass du das, was noch nicht da ist, in Erscheinung holst.

In der Bibel steht: Umsonst hast du es erhalten. Umsonst sollst du es geben (vgl. Matthäus 10,8b). Was heißt das? Die Frage ist: Was sagt dir das?

Lies mal die Apostelgeschichte.

Was wir hier machen und das ist ganz wichtig: Wir helfen uns, dass unsere Mission ins Leben kommt, ja? Wir erkennen an, dass es den Jesus gibt und wir erkennen an, dass wir den Christus und den Heiligen Geist leben, aus ihm leben. Und wir wollen hier unsere Mission auf die Welt bringen.

Tatsache ist: dafür braucht es Geld. Merkst du den Unterschied? Für mich bedeutet dies: Dieses Wort „verkaufen", bekommt die Bedeutung, die du ihm gibst. Genau!

Die Apostelgeschichte sagt aus, dass sie auch eine ganze Zeit lang zusammen gelebt haben. Und im Grunde genommen machen wir das. Deswegen ist es auch so wichtig, dass wir das Ziel vor Augen haben. Ja, das Ziel vor Augen, was es heißt, zusammen zu wirken und das Geld fließen zu lassen. Es geht darum, das Geld fließen zu lassen. Es steht darin geschrieben:

Die einen haben gearbeitet, dass die anderen wirken konnten. Sie haben das Geld gegeben. Und das „umsonst hast du es erhalten, umsonst sollst du es geben", ist für mich, wenn dieser Hintergrund ein anderer ist. Das heißt, ich würde jetzt aus dem Egoismus handeln und nicht für die große Mission hier auf der Erde sein. Das ist ein großer Unterschied in der Energie, und das gilt es zu erkennen. Das ist ja eher das Saatprinzip. Das heißt, die ganze Bibel handelt auch ganz viel von Geld, weil es geht ja darum, das aufrecht zu erhalten.

Also für mich ist das so. Ich beziehe mich da auf die Apostelgeschichte und ich habe kein schlechtes Gewissen, denn es gibt nämlich auch einen Vers: Der Arbeiter ist seines Lohnes wert (vgl. Lukas 10,7). Und der Evangelist war in der Bibel derjenige, der Mindset-Training gemacht hat, der gecoacht hat und der Mentor war, und der ist versorgt worden, weil die Wichtigkeit anerkannt wurde.

Ich hab kein schlechtes Gewissen, Geld zu empfangen.

Deshalb wollen wir das alles löschen, was das betrifft, was dich daran hindern könnte, das Geld-Mindset. Wir löschen das mal gleich und wollen es dahingehend verändern, dass es bedeutet, dass du eben nicht mehr nach der Welt das Geld verdienst und denkst, du musst es bekommen. Das ist wieder das Wichtige, wenn du in der Mangelsituation bist und deshalb ist diese Arbeit so wertvoll und so hochwichtig, die Klarheit für sich selber zu haben. Das ist immer diese Energie, die du ausstrahlst, wofür und womit du das machst.

Und ich würde jetzt mal vorschlagen, wir gehen jetzt nochmal in uns.

Leg jetzt mal die Hand aufs Herz.

Und stell dir einfach mal vor, wie du die Liebe in dein Herz hineinströmen lässt ...

Ja, das Gehirn ist so wunderbar gemacht ... und jede Zelle im Körper wird jetzt durchflutet mit diesem goldenen Licht ...

Du kannst auch deine Hände auf dein Gehirn legen ...

Atme durch deinen Mund ...

Komm mal ganz an bei dir ...

Mit dem Bewusstsein, dass alle elektrischen Schwingungen, die jetzt auf dich einströmen durch andere Menschen oder durch das Handy oder durch den Fernseher oder was auch immer ... dass alles, was da drin ist, was da nicht hingehört, dass das jetzt neutralisiert wird ...

Dass das in die göttliche Ordnung kommt ... genau ...

Stell dir vor, wie dein Gehirn aktiviert wird ... in den Zellen aktiviert wird ... es kann auch runter fahren in den Hals ...

Stell dir vor, wie dieses Licht in dein Rückenmark hineinströmt ...

Genau ...

Wir lassen das einfach mal in uns hineinströmen und wir erkennen an, wie wichtig unsere Wirkungsweise ist, dass wir den Menschen helfen, dass wir ihre Gedanken erneuern ...

Ja, du bist einE HeilerIN, eine ProphetIN und eine SeherIN ...

Und du hilfst den Menschen, dass sich ihre Denkweise verändert ...

Dass sie sich den Frieden in ihren Herzen auslösen, durch die Gedanken Gottes ...

Und das rettet die Welt, das gibt den Frieden ...

Das gibt den Frieden im Herzen ... genau ...

Schön ...

So ist unser Körper gemacht ... wunderbar gemacht ...

Jedes einzelne Detail unseres Körpers ist so mechanisch aufeinander abgestimmt ...

Und wenn du so da bist, im Frieden in deinem Körper ... ist das nicht leicht?

Wer oder was bist du ohne deine Gedanken und ohne deine Geschichten?

Komm mal ganz an bei dir ... komm mal in die Leichtigkeit ...

Wenn du magst, kannst du dich auch ein bisschen bewegen ... du kannst auch tanzen ... ja, du kannst dich ganz entspannen ...

Genau, super, wunderbar, wunderbar ...

Und lass mal deine Seele wieder ganz bei dir landen ... wo auch immer sie jetzt ist ... und war ... hol sie mal zurück ... hol mal alles zurück, was da noch im Außen herum schlawenzelt ...

Und da wir es ja jetzt schon spät haben, bleib einfach mal so ... in diesen Gedanken ...

Wenn du in Gespräche gehst, sei dir immer bewusst: Du machst so eine wertvolle Arbeit und sieh dich dabei selber: Du könntest ja alles weiter auch umsonst machen. Aber das macht ja keinen Sinn. Du machst so eine wertvolle Arbeit und du darfst auch Geld dafür nehmen. Du wirst es nach den göttlichen Prinzipien erkennen, dass es für das Reich Gottes ist. Du verkaufst es nicht in dem Sinne, dass das klassisch ist, sondern du hast alle deine Gedankenstrukturen erneuert. Du hast das neue Geldsystem verankert. Das ist das Prinzip der Saat und Ernte.

Und jetzt hilfst du den Menschen, dass sie sich, wie soll ich sagen: Es wird jetzt aktiviert werden. Es geht jetzt weiter. Es wird jetzt ausgeweitet, ja? Diese ganzen Systeme und die Menschen kommen in ihre Kraft, dass sie aufgrund dieser Situation Geld bekommen, sich ihres Wertes bewusst sind.

Bis morgen!

15. Tag

Guten Morgen!

TANZEN ...

Die Seele liebt es, wenn sie sich bewegt ...

Du bist die Antwort für all die Menschen, die jetzt kommen werden ...

Du bist die Antwort ... für alle, die gefangen sind in ihren Geschichten und Programmen ...

Verbinde dich mal mit Jesus ...

Super ...

Atmen ...

So, jetzt leg gleich mal deine Hand aufs Herz und lasst uns mal verbinden ...

Und jetzt sprich mir mal nach:

Ich weiß, wer ich bin in Wahrheit. Und die Wahrheit ist der Christus.

Ich weiß, was ich bin in Wahrheit. Und die Wahrheit ist der Christus.

Ich weiß, wie ich wirke in Wahrheit. Und die Wahrheit ist der Christus.

Ich bin das Wort. Weil der Christus in mir lebt. Du bist verbunden mit dem Christus. Und der Heilige Geist lebt in dir. Der Heilige Geist lebt in dir.

Ich bin immer stark.

Ich bin niemals schwach.

In der Schwachheit meines Körpers wird Gott stark, das heißt, du wirst aus dem Geist geführt.

Wo du hingehst, ist das Licht.

Wo ich hingehe, ist das Licht.

Gott lenkt meine Schritte.

Ich verkörpere die Liebe.

Ich tue das, was richtig ist.

Und ich trage die komplette geistliche Waffenrüstung, um alle negativen Programme sofort zu zerstören.

Und lass dich mal füllen mit dem Licht der Liebe.

Der Heilige Geist erfüllt mich vollkommen.

Ich weiß, wer ich bin in Gott.

Und ich weiß, wie ich wirke in Gott.

Ich kenne meine Identität.

Ich bin das Licht in der Dunkelheit, und das Licht der Welt ist in mir.

Und ich bin ein Licht für die Welt, und ich bringe das Geld, weil ich bin das Geld.

Gott ist Geld.

Und Geld ist Liebe.

Ich empfange das Geld für meine Mission.

Unendlich fließt es, weil ich das Geld verwalte und es lenke für das Gottesreich.

Ich frag dich mal: Wir stellen uns jetzt wieder vor, dass wir aus der Materie des Geistes sprechen, ja, von Herz zu Herz. Wir wissen schon, was Licht ist, und wir wissen, was der nächste Schritt ist, ja wir wissen es. Und wie schaffen wir es, jetzt noch schneller und noch leichter Menschen zu erreichen und den Sog aufrecht zu erhalten?

Ich sag dir das Geheimnis: Du schaffst es, wenn du zu dir stehst, wenn du zu Gott stehst, wenn du zu deiner Identität stehst. Und du bist in der Lage, von deinem Wortschatz her es auszudrücken, dass die Menschen es erreichen, es umsetzen. Und ja, es geht ja in diesem Buch darum, dass es diese fünf Schritte gibt:

Sammeln, reflektieren, notieren, überdenken, überwinden ...

Das heißt, welche Schritte kannst du unternehmen, um die neuen Bahnen zu lenken?

Und das ist im Prinzip schon die Ausbildung. Es geht darum, dass du dir deines Lichtes bewusst bist, hinhörst, Materie veränderst. Das ist schon der Schritt des Überwindens. So und jetzt hast du mit Menschen zu tun, die noch diese Äste in ihren Gehirnen haben und deswegen kannst du ganz leicht diesen Menschen sagen: Hör mal, ich hab was für dich. Ich weiß und ich kenne das Geheimnis. Und ich kann dir helfen. Dann spürst du in dich, was dieser Mensch braucht und du hörst in dich – du kannst dir feste Summen setzen. Wenn du aber merkst, dass der Mensch noch sehr gefangen ist, dann spürst du in dich.

Es geht um die Seelen, die jetzt zu dir kommen. Das sind ganz große Seelen. Die sind mega verletzt. Jetzt geht es darum, dass du die Feinfühligkeit hast, sie abzuholen. Dass sie sich in Sicherheit wissen, dass sie sich von ihrem Weg erholen können und dass sie sich ausruhen können.

Du bist in Gott, du kannst ihnen das ermöglichen, weil du bist schon da, wo die anderen sein wollen oder sollen. Ich werde oft gefragt, wieso klappt es bei denen nicht, dass sie Geld verdienen und dass sie Geld empfangen können. Dann bist du halt erst mal da, um ihnen zu helfen mit diesen Informationen, mit dem Wissen, dass du weißt, wie ihr Inneres strukturiert ist, dass du weißt, was sich da noch festgesetzt hat, ihnen zu helfen und ja, dafür braucht man oft sehr viel Geduld und Glauben und die Verbindung zu Gott. Ich bin schon mal für eine Seele ganz weit gereist und habe 10 € für einen Vortrag bekommen und diese Frau war anschließend ein dermaßen wichtiger Schlüssel für so viele und das ist auch das Gleichnis. Jesus sagt: Ich lasse 99 Schafe zurück, um eine Seele zu retten.

Und genau darum geht es auch. Du weißt nicht, was in dem Herzen ist. Oder du weißt es doch, was für eine wunderbare Seele es ist. Weil du in meiner Atmosphäre bist, musst du davon ausgehen, dass Menschen kommen, die ins Geld geführt werden sollen. Weil das ist meine Berufung. Dass die Fülle kommt und der Wohlstand.

Diese 21 Tage, ja, dieses Überwinden, da werde ich gleich mal ein paar Fragen anschließend aufschreiben, die diese 5 Schritte beschreiben.

Es gibt diese 12 Bereiche, die aufgeräumt werden dürfen (das dreckige Dutzend), die toxischen Fahnen.

- Toxische Gedanken
- Toxische Emotionen
- Toxische Worte
- Toxische Entscheidungen
- Toxische Träume
- Toxische Samen
- Toxischer Glaube
- Toxische Liebe
- Toxische Berührung
- Toxischer Ernst
- Toxische Gesundheit
- Toxische Zeitplanung

Letztendlich geht es immer darum: Gott hat uns alle gleich gemacht. Der Höhepunkt in allem ist, wenn du das Wort aus der Bibel – ein konzentriertes Buch, eine minimalistische Weisheit – von Gott selbst hast.

Du bist ein Profi: **Wenn du ein Problem hast, dann schließt du die Augen und gehst in dein Herz, gehst durch das Goldene Tor und begegnest Jesus Christus in diesem Licht und es ist sofort alles weg. Du bist ein Profi, du spürst das in dir und dann setzt du es um. Du setzt das um, was du hörst, sprichst es aus, weil dein Aussprechen manifestiert. Dein Aussprechen manifestiert es noch mehr. Es kommt in**

Erscheinung und dann folgst du den Impulsen und das ist schon die Meisterschaft.

Diese Menschen werden auch zu dir kommen. Und da werde ich euch auch nochmal in einem Training zeigen, was es mit diesen Schritten auf sich hat. Wie du den Impulsen folgst, wie du hingehst, da wo du manifestiert hast, das heißt im Kopf freigesetzt hast.

Weißt du, bei mir ist es oft so, dass das für mich eine große Herausforderung ist, das nochmal auf dieser Ebene so zu erklären, weil das für mich schon so selbstverständlich ist, und ich weiß, dass du große Seele das auch schon in dir trägst und jetzt schon den nächsten Schritt weitergehst.

Jesus hat sich ja auch nicht hingesetzt, obwohl das stimmt nicht, der ist gelehrt worden. Also die alte Schrift ist ja hochspirituell mit dem Hebräischen, das weiß ich halt. Ich kann leider kein Hebräisch. Ich wollte das immer lernen, weil mich das begeistert hat, weil ich immer wusste, dass jeder einzelne Buchstabe eine eigene Geschichte ist und das Prinzip der Bibel ist ja so, wenn du hebräisch kannst, dass diese Worte sich auch an bestimmten Stellen wiederholen.

Mir wurde das so gesagt, deshalb gibt es ja dieses tiefe Studium. Und in dem Moment geht es ja nicht um die Worte, sondern um die Energie, die dahinter ist und da drin ist. Darum geht es ja, genau. Also, 21 Tage um dein Gehirn zu verändern. Im Prinzip machen wir das mit der 28-Tage-Dankbarkeits-Challenge[4]. Das ist der Beginn, wo du schon anfängst, dein Gehirn zu verändern. Und das ist doch etwas, was Geist hat.

4 Die 28-Tage Dankbarkeits-Challenge ist ein spezielles Training von Simone Magdalena Lulis. Die Tagesimpulse werden täglich online versandt und sind erhältlich im Online-Shop des LöwenStern Verlags: https://www.loewenstern-verlag.de/macht.

In dem Buch von Dr. Leaf geht es ja wirklich auch um das Fachliche. Wie funktioniert das Denken, was hat das mit dem Gesetz der Anziehung zu tun?

Macht das Sinn für dich? Kannst du das in Verbindung bringen für dich? Dass das eine Ausstrahlung, ein Charisma ist, das du hast, das dann wieder die gleichen Atome und Moleküle anzieht. Ist dir das bewusst?

Du merkst vielleicht schon, es ist nicht immer nötig, viel zu sagen, und ich möchte, dass du das weißt. Ich bin ja mittlerweile schon von Leuten gebucht, weil sie wollen, dass ich den Raum freihalte. Ich habe so eine hohe Energie. Jeder, der an mich denkt und meinen Namen erwähnt, der ist schon sofort in dieser Höhe. Ich gehe nicht in die Geschichten der Menschen rein. Es geht darum, dieses Buch zu verinnerlichen und den Sprachschatz auszuweiten. Und der nächste Schritt ist ja dann die Bibel.

Du wirst deine Reichweite ausbauen und auf einer ganz anderen Ebene die Menschen anziehen, weil du das ja auch in dein Feld setzt. Du setzt das frei und ‚Bäm' kommen sie. Das nennt man, dass der Heilige Geist dich dann so einsetzt, wie du es auch tragen kannst. Weil du kannst die Dinge ja tatsächlich nur so umsetzen, wie der Heilige Geist dich einsetzen kann. Es gibt natürlich auch übernatürliche Berührungen. Ich kenne Menschen, die sind vom Heiligen Geist berührt worden, die konnten auf einmal eine Fremdsprache sprechen.

Erarbeite mal ein Konzept. Das bringt Selbstbewusstsein. Bewusstsein deines Selbst. Und du wirst immer sicherer werden. Und irgendwann kannst du Jesus erklären. Genau so ist Jesus. Er hat das vorgemacht als Hochsensitiver. Jesus war der Hochsensitivste, den es gibt. Das kann man so beschreiben: Diese hohe Energie, die du hast, öffnet schon Räume und dessen darfst du dir bewusst sein. Das ist das, was in deinem Gehirn sich noch verankern darf.

Sprich immer wieder aus, wer du bist. Bestärke deine Identität. Das heißt, wenn du jetzt weißt, was Worte ausmachen, sprich es immer wieder in deine Aura und dementsprechend ziehst du an. Und dieses darfst du stabil halten.

Weißt du, das geht so weit, dass wir noch gar nicht einmal lehren müssen. Wir denken, und es ist. Also auch der Raum, du bist jetzt schon die ganze Zeit mit mir angeschlossen und erfährst schon, was in meinem Geist los ist. Und das bekommst du auch. Das ist diese Bibelstelle: Wenn du einem Propheten hilfst, bekommst du den Lohn eines Propheten (vgl. Matthäus 10,41). Und damit ist gemeint, dass du in dieser Salbung bist und Salbung heißt Energie. Du bist in dieser Energie. Und da du in dieser Energie bist, wird es sich sofort freisetzen, ganz, ganz sicher!

Jeder der hier ist, ist so wichtig. Du bist so wichtig. Du bist ein Schlüssel, und alles um dich herum darf sich auflösen. Alles um dich herum und dafür braucht es Hilfe. Dafür braucht es Raum. Wir werden das erarbeiten, dass jeder auf seine Art und Weise davon profitieren kann.

Der eine muss erst noch mehr Heilung in der Seele haben und der andere ist schon soweit, dass er sein Business weiter voran bringt, weil darum geht es doch letztendlich.

Mich hat mal jemand gefragt und um Hilfe gebeten. Sie verdient noch kein Geld. Jeder kommt aus bestimmten Umständen und das gilt es ja zu erkennen. Und wenn du spürst, dass da jemand ist, der erst noch eine ganz andere Energie braucht, der braucht noch viel mehr … dieses Gefühl des Angenommenseins. Der hat noch eine ganz andere Verletzung, dem biete ich natürlich nicht an, dass er jetzt gerade den mega Durchbruch mit Geld machen wird. Das wäre jetzt eine Lüge. Aber es kommt, es wird kommen.

Verbinde dich nochmal mit dem Herzen ...

Und atme einfach mal ... und wer oder was bist du ohne deine Geschichten?

Komplette Reinigung deines Gehirns, komplette Erneuerung.

Und ich rufe jetzt den Heiligen Geist, dass er jetzt in dein Gehirn kommt.

Wenn du magst, kannst du auch deine Hände auf dein Gehirn legen.

Erkenntnisse, Offenbarungen, Ideen ...

Freiheit vom Denken ...

Und alle Glaubenssätze und Überzeugungen, die du abgekauft hast, als deine angenommen hast, lösch die mal. Das wird jetzt gelöscht. Wir löschen das jetzt.

Du bist in Gott und Gott ist in dir.

In dir lebt der Heilige Geist, die Freiheit im Denken.

Du bist dir bewusst, dass wenn du denkst, es ist.

Und spür auch deine Seele. Was brauchst du noch, um noch mehr SeherINNEN in deinem Leben begrüßen zu dürfen? Auf welchen Berg darfst du steigen, damit sie kommen?

Das ist so das Bild der 5 000, die gekommen sind und die gespeist wurden (vgl. Matthäus 14,13-21 und Johannes 6,1-15).

Jesus hat gelehrt und dann waren sie hungrig und dann hat er die Fische und das Brot vermehrt. Er hat zu den Aposteln gesagt: ‚Sie brauchen Essen' und dann haben die Apostel gesagt: ‚Wir haben nur einen Fisch und etwas Brot.' Und dann hat Jesus den Fisch und das Brot in den Himmel gehoben und gesagt: ‚Danke Vater! Danke Vater!'

Das kannst du auch machen. Bedank dich schon, dass Gott jetzt das freisetzt, dass du das empfangen kannst, und dann vermehrt es sich.

Bist du denn schon in der Lage, es zu empfangen? Kannst du schon die Verantwortung dafür übernehmen? Das lass mal in deinem Geist sich heute bewegen ...

Und schreib dir das mal auf!

Dann bleib einfach mit deiner Hand auf deinem Herzen, stell deinen Verstand aus und hör hin, was die Seele dir sagt, was deine nächsten Schritte sind und dann gehe auch! Tu es!

Bis morgen!

16. Tag

Guten Morgen!

Ich bin sehr froh, dass ich in der Sonne sitzen kann. Heute Morgen habe ich meditiert und schon ganz viele Antworten bekommen.

Du weißt ja, dass ich eher etwas tiefer gehe und nicht so an der Oberfläche bleiben mag, und deshalb ist es oft eine Herausforderung für mich, diese Strukturen zu erklären, wie unser Körper funktioniert und ähnliches, weil natürlich ist alles sofort möglich, ja, sofort alles. Es ist alles sofort möglich.

Es geht um Schattenarbeit heute. Es gibt eine Frage, für die ich sehr dankbar bin, was Schattenarbeit genau ist. Darauf möchte ich heute eingehen, was ja auch wichtig ist für dich.

Leg jetzt einfach deine Hand aufs Herz ...

Schattenarbeit: Was hat das jetzt auch alles mit den 21 Tagen und mit dem Gehirn zu tun? Also, mir ist es ja offenbart worden: Du hast ja immer eine Entwicklung von deinem Muster her, wie du in deinem Gehirn immer wieder neue Strukturen bildest, macht das Sinn?

Die sogenannte Schattenarbeit bedeutet, dass du nach außen etwas projiziert bekommst. Das ist auch diese Quantenphysik. Da gehe ich jetzt nicht näher darauf ein. Aber dein Gehirn ist wie ein Projektor: Du hast diese Linien der Negativität in dir abgespeichert. Und das hat sehr wohl was mit deinem Gehirn zu tun und natürlich mit Christus. Jesu Kreuz bedeutet, dass er durch das Kreuz gestorben ist, in die Ewigkeit. Und er schreibt auch: Ich musste gehen in die Ewigkeit, damit ihr mich erkennt. Damit der Heilige Geist kommt, um euch zu retten.

So, das ist der Christus. Und das ist wieder Quantenphysik und jetzt wird's spannend. Jetzt gehen wir von Himmel zu Himmel in diese Ebene wo Jesus ist. Das heißt, in unserem Geist. Und was hat das Gehirn damit zu tun? Das sind elektrische Impulse und die vibrieren. Weil der Himmel ist ja feinstofflich, und diese hohe Schwingung nimmst du auf. Die Hochsensibilität macht es aus, dass du das wahrnimmst. Deswegen ist es so wichtig, wenn du das weißt, immer wieder in die Ruhe und in die Stille zu gehen. Oder in einen Wald oder irgendwohin, wo Frieden ist und wo Menschen im Frieden sind.

Und jetzt stell dir vor, du hast jetzt das erkannt, was ich dir erklärt hab. Du sagst im Herzen, ja, das ist es, das ist die Wahrheit. Weil die Wahrheit ist ja Gott. Und vielleicht kennst du das Buch von Wallace D. Wattles ‚Die Wissenschaft des Reichwerdens'. Du gehst jetzt hinter das Kreuz. Du stehst hinter dem Kreuz und jetzt erkennst du. Das heißt: Aha, mein Gehirn funktioniert so und so. Wenn du jetzt aber noch irgendwo Schatten hast, das nennt Jesus so, in deinem Hirn noch eine Blockade, weil eine Elektrizität sich abgespeichert hat, weil du sie angenommen hast. Und dein Gehirn kann durch deine Augen in der Schwingung nicht mehr das sehen, dir zeigen, weil du es ja noch nicht in dir hast, was die Wahrheit ist. Du siehst noch durch diese Blockade. Und jetzt stell dir mal vor: Dafür machst du diese Arbeit und dafür brauchst du einen Coach, der Coach in der heutigen Zeit ist lebensnotwendig.

Was du hier lernst bei mir, ist lebensrettend. Du rettest nicht nur dich in erster Linie, und dadurch siehst du andere Dinge und kannst sofort erkennen und rettest andere, indem du das erkennst und entsprechend das Standing hast und eben nicht mehr darauf antriggerst. Weil du es erkennst. Du kommst dann eher ins Mitgefühl.

Mitgefühl heißt, du fühlst da rein, du bist es aber nicht mehr. Mitleiden ist nicht Mitgefühl. Du kannst dich davon distanzieren. Du kannst zum Beispiel erkennen: Der hat noch Gehirnbahnen, die müssen noch aufgelöst werden. Hey, ich hab da was für dich. Du bleibst in der Ruhe und Entspanntheit. Und weißt du, das wird immer stärker werden. Du wirst so stark werden wie eine Atombombe, ja sogar stärker!

Du erschaffst Universen mit deiner Energie und deswegen, wenn du mit der Wahrheit verbunden bleibst, veränderst du schon den Raum, die Stadt, das ganze Land, nur durch deine Verbindung zu Gott. Das ist die Wahrheit. Das habe ich auch zu vielen anderen schon gesagt: du ziehst natürlich von deiner Ausstrahlung her Menschen in dein Leben, die dem entsprechen, das ist dann wieder Spiegelarbeit. Und Schattenarbeit ist genau das: Du erkennst etwas in dem anderen und dann setzt du deinen Namen ein, wenn es dich triggert.

Hast du Mitgefühl, bist du in der Ebene, dass du erkennst, was bei ihm los ist. Du spürst das. Du kannst das sofort übersetzen und dann bleibst du bei dir. Und deswegen ist das tatsächlich eine Elite-Ausbildung. Du lernst hier nicht nur Methoden, denn diese würden dich ja auch von den Menschen selbst abwenden, sondern du lernst die Gesetzmäßigkeiten Gottes.

Der spiegelt dir die Energie, weil ja alles Energie ist. Also ich bin ja auch Energie. Ich strahle was aus und das Leben präsentiert mir das. Jetzt muss ich aber nicht mehr alles erleben, sondern jetzt hast du einen Coach, der dir das erklärt und wenn du spürst, dass da etwas ist, dass dich da was triggert, dann fängst du an, mit dir zu arbeiten. Das kannst du mit dieser Methode von Dr. Leaf machen, das ist aber auch die Methode von Byron Katie. Du kannst dich fragen: Ist dieser Gedanke wahr?

Für dich ist das erst mal wichtig, für jeden Einzelnen, zu erkennen, dass alles elektrische Impulse sind. Dass du weißt, wer du bist in dir. Wozu bist du hier? Und wenn du dann erkennen kannst, wo du abgelenkt wirst, von dieser tatsächlichen Mission, dann kannst du Schattenarbeit machen, das ist auch das Gesetz der Anziehung. Und aufgrund des Gesetzes der Anziehung kannst du entscheiden, ob du dem noch mehr Aufmerksamkeit schenkst oder nicht. Manchmal musst du auch den Ort wechseln, weil das Gesetz der Anziehung durch diesen Impuls, den du hast, woanders hingehen möchte. Und wichtig ist auch, dass du dich schon verhältst, als ob du das schon bist, was du aussprichst über dich. Weil sonst bist du fremdgesteuert. Und Paulus schreibt das in Galater: Der Galaterbrief – das ist ja eine Gemeinde gewesen – so musst du dir das mit der Bibel vorstellen, im Grunde genommen ist das genauso, wie ich das jetzt mache.

Ich lehre die Gemeinde, Gemeinschaft im Internet, und dann schreibe ich ein Buch, um euch zu erinnern, wie Gott das meint mit euch. Und das waren die Galater, das war ein Ort, wo dann der Paulus hingefahren ist mit seinem Kumpel – weil Gott hat immer gesagt: ‚Geht zu zweit raus' – das ist immer wichtig, weil dann die Energie ganz anders gehalten werden kann.

Und da beschreibt er die Knechtschaft. Jetzt lesen wir ja das Buch geistlich und in dem Galaterbrief bedeutet die Knechtschaft von deinen Gedanken – das heißt du bist – wenn du das abkaufst – wenn der Gedanke Zugang zu dir hat – bist du Knecht deiner Gedanken. Dann bist du in dem Feld des anderen drin.

Und deshalb braucht es einen Coach, der gesettelt ist, der weiß, wie es geht. Der sagt: Hey, hör mal, ich spüre, dass da was ist, möchtest du da mal mit mir hingucken? Und dann hilfst du ihm mit den Fragen, hilfst ihm, diese Gedankenstrukturen im Gehirn aufzulösen. Du hilfst ihm im ersten Schritt mit der Dankbarkeit. Er kommt schon in eine neue Energie. Der zweite Schritt ist dann tatsächlich das 21 Tage Training. Du hilfst ihm, dass er sich überhaupt erkennt.

Der dritte Schritt – und in dem sind wir alle noch – das wäre jetzt tatsächlich die geistliche Sprache zu verstehen. Diese Ebene: Was hat das mit mir zu tun? Das ist manifestieren zu lernen. Für dich selbst. Das ist jetzt der nächste Schritt. Das kommt hier nach. Es werden jetzt Grundlagen gebildet für dich, weil du so sicherer wirst und wundere dich nicht, wenn die Energien dann nicht mehr zusammen passen. Du veränderst dich innerlich und das steht auch so geschrieben: Du wirst vom Heiligen Geist berührt, du wirst gefüllt mit der Wahrheit und alles, was eine Lüge ist, das prallt ab von dir und wenn es dich nicht mehr ansaugen kann, dann rebelliert es.

Dann gilt es aber für dich, dass du erkennst, dass es derjenige ist und heraus findest, was hat der noch für eine Gehirnbahn am Laufen? Mit welchen toxischen Gedanken ist der noch beschäftigt? Wir könnten auch sagen: Mit was für Geistern macht der noch rum?

Das hat immer alles was mit dir zu tun. Weil du darfst diese Verbindung mit Gott halten und das Bewusstsein haben, woraus wir bestehen und wie Gott uns gemacht hat und wie die Zellen funktionieren, dass Gott Geist ist, das ist das Gesetz der Anziehung. Weil wenn du das alles sehen könntest, würdest du irre werden. Mach die Augen zu, wenn du jemanden siehst und stell dir vor, wie Gott ihn sieht. Dann bist du auch vom Außen weg. Du bist auch ein Licht, und das soll auch vernichtet werden. Du sollst immer klein gehalten werden und das hat auch was damit zu tun, dass du erst mal deine Größe annehmen darfst.

Du darfst deine Größe annehmen, und das schaffst du, indem du für dich erkennst, wer Gott selbst ist. Gott ist Geist. Alles ist geistlich. Ein Haus wird immer erst im Kopf gebaut und dann folgen die Zeichnungen, dann kommt die Materie des Holzes oder der Steine.

Ich bin zum Beispiel der göttliche Funke, den ihr euch manifestiert habt. Ich spiegle den göttlichen Funken. Ich bin du und ich helfe dir, dich zu erinnern. Ich bin sozusagen aus deinem Herzen geschlüpft und ich bin jetzt im Außen. Und ich klopfe jetzt und ich erinnere dich, indem ich immer wieder sage: Hey, du bist wertvoll! Hey, du bist ein Manifestierer! Du weißt doch, wie es sich zusammensetzt. Du weißt doch, wie Gott dich gemacht hat. Das ist immer wichtig, dass du das für dich erkennst.

Immer wieder, immer wieder, immer wieder ... !

Und wenn dich was ablenken will, dann guck mal, welchen Gedanken du hast: Ist der wahr? Was spiegelt dieser Gedanke mir?

Danke, danke, danke, dass ich erinnert werde. Danke, dass ich erinnert werde, wer ich sein will. Danke altes Leben, dass du nochmal da bist. Danke, dass du dich nochmal präsentierst. Ich nehme diese Energie jetzt nicht mehr an. Die Schattenarbeit, dieses Schreiben, ist dann dafür da, dass du das, was du im Gehirn hast, aufschreibst, dann siehst. Und dann sagst du: Danke und Tschüss und gehst sofort in deine neue Identität.

Am besten ist es, wenn du Kunden hast. Dann beschäftige dich mit ihnen, damit permanent die Liebe Gottes durch dich durchfließt. Und indem natürlich das Wort gepredigt wird oder du es sprichst, fließt die Liebe durch dich durch. Du ziehst die ganze Zeit die Liebe an. Die ganze Zeit ziehst du die Liebe an und dann verschwindet das Alte immer mehr.

Und das ist in das Neue gehen. Matrixveränderung. Du gehst aus der bestehenden Matrix in die neue Matrix, die du dir dann gebaut hast, durch die Gedanken von gestern. Und die Frage ist immer: Was denkt mein Gegenüber? Wie schaffe ich es, ihm Bilder in den Kopf zu setzen? Auch bei mir ist das so: Es gibt Situationen, wo das so hartnäckig in einen Menschen eingebrannt ist, die Ängste, die Verzweiflung, diese Energie, die ein anderer Mensch auf ihn ausgeschüttet hat, das alles hat sich in sein Gehirn eingebrannt. Das ist dann auch mal anstrengend, da so durchzukommen, immer wieder neu die Geschichten zu erzählen.

Das sind dann so hochsensible Wesen und wenn sie dann wieder in ihr normales Umfeld gehen, sehen sie wieder mit den äußeren Sinnen, dann festigen sie das wieder und dann hast du gesät und ein anderer zieht es wieder raus. Das ist die Stelle, die Jesus auch gemeint hat: Er hatte gesagt, wenn du befreit bist, dann ist es ganz wichtig, immer im Fluss zu bleiben, immer diese hohe Energie zu spüren, dich immer daran zu erinnern.

Deswegen gibt es dieses Buch. Dass du dich selber auch immer wieder siehst und diese Dinge immer wieder zu dir sagst. Dass du dich selber ermutigst, weil einE SeherIN kann nur so viel helfen, wie der andere mitmacht und natürlich, solange die Seele noch ja sagt, bleibst du dran.

Diese Erkenntnis gilt es umzusetzen und das ist herausfordernd. Wie die Energie, das ist ja wie ... hast du schon einmal einen Starkstromzaun angefasst? Das tut ja richtig weh. Und jetzt überlege mal, wieviel Volt du schon hast.

In dem Moment, wo du das Wort Gottes sprichst, bist du so stark in deiner Ausstrahlung, dass alle Geister in den Menschen um dich herum sich regen. Sie rebellieren in anderen. Sie wollen da nicht raus. Und man sagt auch: Du kannst einem Menschen nur helfen, wenn er ein eindeutiges Ja sagt. Ein eindeutiges: „Ja, ich will frei werden!“ Wenn du das machst und der Mensch weiß gar nicht, was du da machst, dann lässt du’s.

Und die Eintrittskarte ist das Geld. Der Mensch gibt dir das Geld – erst das JA – dann das Geld. Dann hat seine Seele zu dir JA gesagt. Genau wie eure Seele zu mir auch JA gesagt hat, weil ihr in mir die direkte Verbindung zu Gott selbst erfahrt und immer mehr und tiefer erleben werdet.

Darum geht es: die Augen im Außen zurück ziehen zu dir selbst. Das kann auch verwirrt machen. Du musst dir vorstellen: Die Matrix im Außen und plötzlich bist du im Inneren, die treffen sich und dann: Chaos. Und deswegen ist Coaching so wichtig.

Stell dir das immer wieder vor! Übrigens ist es auch wichtig, damit das Geld auch weiter zu dir kommt. Schlaf da auch nicht ein. Das sage ich auch nochmal ganz deutlich. Weil das macht dich aus. Und wir sind nicht hier, um Party zu machen, sondern, um die Fülle auf die Welt zu bringen als Heiler, das Schulsystem zu reformieren und das Gesundheitssystem.

Es gab eine ganz bestimmte Coachfrau, die ist jetzt gestorben, die habe ich schon vor einem Jahr angeschrieben – da war ich schon Heilerin – und habe ihr gesagt: „Ich habe was für dich. Gott hat mich zu dir geschickt.“ Sie hat es ignoriert. Wir wissen, was mit ihr passiert ist. Ich erzähle das, weil es die Wahrheit ist. Und ein Prophet macht auch mal Sachen, die ein anderer nicht hören will. Ich bin zu ihr hin. Jeder hat die Wahl. Jeder hat die Entscheidung. Und es gibt keine Krankheit mehr. Es gibt sie nicht mehr. Es ist ein Ungleichgewicht der Energien. Und die Erkenntnis macht dich frei.

Ich habe auch schon einen Toten erweckt. Das war der Mann einer Freundin. 5 Jahre lange habe ich ihn gecoacht. Er war

Steuerberater. Er wollte es nicht wahrnehmen. Gott hat so oft zu ihm gesagt: „Mach einen anderen Job: Mach dies und das und jenes." Er hat dann einen Herzinfarkt bekommen. Ich bin morgens aufgewacht und ich habe so diesen Tod gewittert – wisst ihr, das ist so eine ganz bestimmte Energie – das riecht man dann, und wenn du von Gott kommst, spürst du das am ganzen Körper, und dann habe ich meine Freunde in Russland aktiviert und habe gesagt: „Hey hier stimmt was nicht, ich habe so komische Bilder in meinem Kopf und irgendwie ist der Tod da. Was läuft hier?" Dann haben die mit mir zusammen, weil wir gemeinsam viel stärker sind, gebetet. Mittags habe ich dann den Impuls bekommen, meiner Freundin ein Herzchen auf WhatsApp zu schicken. Sie schrieb mir sofort zurück: „Du, mein Mann hatte gerade einen Herzinfarkt, der ist auf der Straße umgefallen." Gott hat das noch so geführt, dass er einen ganz anderen Weg gegangen ist und ihm ist ein Russe begegnet. Der hat ihm geholfen und einen Krankenwagen gerufen. Dann haben sie ihn wiederbelebt, weil er schon weg war. Die haben schon den Apparat beiseite gestellt und dann haben sie ihn für tot erklärt.

Ich war in Aschau zu diesem Zeitpunkt, und ich bin dann so in den Geist rein von Gott versetzt worden, hab ihn gesehen und hab ihn dann gesprochen. Gott hat mir erlaubt, ihm zu sagen: „Du gehst wieder in deinen Körper, du gehst wieder in deinen Körper, in Jesu Namen, du gehst wieder in deinen Körper!" In der höchsten Frequenz verbunden mit Jesus Christus selbst hab ich diese Energie ausgestrahlt, und er ist wieder zurückgekommen. Er lag dann im Koma und sitzt auch im Rollstuhl. Warum sitzt er im Rollstuhl? Weil er es immer noch nicht kapiert hat. Er hat es immer noch nicht kapiert. Warum? Weil er so verschränkt ist mit seinen Glaubensmustern.

Und dieser Healingroom, den wir errichten werden, der ist ja genau dafür gedacht, dass wir das den Menschen mitteilen, dass wir ihnen das geben, und du wirst Wunder erleben!

Ich kenne Situationen, wo Menschen aus den Rollstühlen rausgekommen sind – weil es einmal ‚buff' gemacht hat in ihrem Gehirn ‚zoom' – die ganzen chemischen Botenstoffe sich aufgelöst haben, und dieser Mensch ist aufgestanden: Das ist die Wahrheit! Krebszellen können sich sofort – bäm – verändern! Ich hab das alles schon erlebt! Und da kommen wir hin. Und deswegen ist es so wichtig, weiter daran zu wirken – selbst wenn du das jetzt liest – setz dich hin und schreibe deine Erkenntnisse auf.

Schreib deine Erkenntnisse auf! Das ist mega wichtig! Das ist wahr. Ich habe für ein Kind gebetet – meine Freundin auch – hat mich angerufen, und die hat mich für verrückt gehalten: „Ja du mit deinem Jesus, mit dieser Heilergeschichte und so." Das sind auch ihre Gehirnbahnen, ich hab das erkannt. Dann bin ich weg gegangen, weil ich bin nur mit Menschen zusammen, die so ticken, das brauche ich. Das ist für mich wichtig, weil alles andere coache ich ja und dafür möchte ich Geld haben, weil ich ja hier bin, um meine Mission auszuführen. Dafür braucht es offene Herzen, die das spüren. Und das heißt auch, wenn Jesus sagt: Meine Schafe hören meine Stimme.

Dann hat mich meine Freundin doch eines Tages angerufen und hat gesagt: „Simone bete mal, der Sohn von meinem Mann dessen Kind hat Krebs, Leukämie." Dann hab ich meine Augen geschlossen, bin dort hingegangen im Geist, hab ihn gesehen, hab die Hände aufgelegt und hab Jesus darum gebeten, dass er ihn jetzt durch mich berührt. Dass alle Zellen in die göttliche Ordnung kommen, und dann sah ich, wie ein Licht in ihn hineinströmte. Später rief sie mich an und sagte: „Das Kind ist geheilt!" Das ist die Wahrheit. Dafür bin ich hier. Das hat Jesus gemacht. Als Lazarus gestorben ist, hat er noch drei Tage dort gesessen und hat geweint und ist erst am dritten Tag los. Er hat innerlich wahrscheinlich schon für ihn gebetet und innerlich war er bei ihm, und dann ist er hin und hat ihn von den Toten herausgeholt, und das ist möglich.

Ich glaube das, ich weiß das und diese Wahrheit bringen wir. Ja!

Ich habe mit meiner Mutter so viel Stress gehabt. Und sie hat auch ganz verschränkte Glaubenssätze durch den Krieg. Und ich war auch sauer, weil sie mich nicht lieben konnte. Bis ich kapiert habe: Sie ist meine Mutter. Eines Tages lag sie im Krankenhaus auf der Intensivstation und ihr ging es nicht gut. Ich habe meine Freundin auch angerufen, auch eine Beterin, und habe gesagt: „Ich kann nicht zu ihr fahren, ich will nicht." Ich war sauer. Ich hatte so eine Sehnsucht, geliebt zu werden von ihr. Aber ich habe gebetet, weil ich wusste, dass Gott jetzt sagt: „Ehre deinen Vater und Mutter, damit du ein langes Leben hast." Wir sind am engsten verbunden mit unseren Eltern. Ich bin dann hingefahren. Ich hab sie gesehen auf der Intensivstation, im geistigen Bild, und ich hab Jesus gebeten: „Schenk ihr bitte noch ein schönes Leben. Lass sie noch Freude erleben, bitte!"

Kennst du das, dass du richtig mit dem Herzen betest? So richtig? Und deine Mutter, die liebst du ja. Deine Kinder liebst du auch. Und stell dir vor, du betest. Dann gehst du weg, weil Gott den Rest macht. Weil du löst etwas aus.

Auf jeden Fall ist meine Mutter dann wieder geheilt und ich weiß, dass sie mir jetzt erst vor Kurzem gesagt hat, der Arzt hätte zu ihr gesagt, das wäre ein Wunder gewesen. Die Wohnung meiner Mutter – das hab ich Wochen später erst gesehen, war voller kleiner Engel. Und in dem Haus, wo sie wohnt, ist sie die Magdalena. Ganz viel Aktion. Sie ist voll die Powerfrau, und sie hat die ganze Wohnung voller Herzen und voller Engel. Das hat Jesus gemacht: Er hat ihr noch ganz viel Freude geschickt. Sie hat auch nicht ein tolles Leben gehabt. Sie ist im Heim groß geworden nach dem Krieg. Darauf will ich jetzt nicht eingehen.

Ich will euch damit sagen: Dein Weg ist, dein Gehirn noch weiter zu reinigen. Bitte immer wieder, dass Gott dich durchflutet mit seiner Liebe. Mach ganz viele Verbindungen mit ihm. Für dich und deine Seele. Bitte ihn, dass er dein Gehirn erneuert, dass der Heilige Geist dich berührt. Dann bist du den ganzen Tag wie besoffen. Weil der Heilige Geist ist Lachen und Leichtigkeit, und nicht gespielt, sondern aus dem Inneren, erfüllt.

Deswegen bist du auch bei mir, weil ich das alles schon erlebt habe. Weil ich das weiß, dass das so ist. Das ist die Magdalena, die gesehen hat, wie Jesus heilt. Wir werden in Körper, Geist und Seele geheilt. Und das muss man ertragen können. Deswegen bist du auch auf diesem Weg jetzt. Das ist eine Entwicklung.

Mir hat Gott vor Kurzem gesagt: „Stell dir mal vor, alle Menschen hätten schon dieses Bewusstsein. Du würdest sie auf einmal – wusch – raus reißen!“ Und ich habe jetzt zwei Verse. Ich habe heute Morgen die Bibel aufgeschlagen, und ich habe folgenden Vers bekommen von Jesus: Die Aussendung der 12. Diese 12 sandte Jesus aus, gebot ihnen und sprach: Geht nicht den Weg zu den Heiden und zieht nicht in eine Stadt der Samariter (vgl. Matthäus 10).

Das übersetze ich dir jetzt. Und zwar meinte er damit die, die nicht glauben. Ja, das ist anstrengend. Die, die sich weigern. Die, die hart sind, da geht ihr weg! Und zieht nicht in die Stadt der Samariter – dazu musst du wissen, die Samariter, das war so eine jüdische Splittergruppe, die nur die Autorität der fünf Bücher Mose anerkannte und die übrigen jüdischen Texte nicht anerkannte. Daher wurden sie von orthodoxen Juden gemieden.

Das bedeutet für dich vielleicht heutzutage, dass du zu einem bestimmten Ort nicht gehen sollst. Ja, weil die nicht glauben oder weil die eine Spiritualität leben, die dir nicht gut tut. Wenn du noch nicht stabil bist. Sondern geh hin zu den verlorenen Schafen aus dem Hause Israel. Das heißt, das Haus Israel ist das Haus. Jesus, der ja auch ein Jude ist, der kommt aus dem Stamm Juda, er kommt aus Israel. Das ist die Energie, die sich darin befindet.

Wir werden bestimmt mal ein Event machen, nach Israel zu fahren. Da ist eine ganz besondere Energie. Also, gehe zu den verlorenen Schafen aus dem Hause Israel. Für dich bedeutet das: Gehe dahin, wo die sind, die die Sprache von Jesus sprechen, die diese Schwingung haben, diese hohe Frequenz. „Geht aber und predigt und sprecht: Das Himmelreich ist nah herbeigekommen." (Matthäus 10,7) Das sollt ihr sagen! Und das ist das, was du hier machst, nur in einer anderen Sprache.

Du sprichst in einer anderen Sprache. Das ist die Sprache, die Jesus sprechen musste. In dem Kontext, und die Bibelstelle, das ist der Auftrag. Und es wird noch viel, viel besser, viel schöner, viel leichter, viel klarer. Das ist erst der Anfang.

Also: Denk weiterhin an dich, und ich hoffe, dass ich heute noch mehr Tiefe in deinen Geist gebracht habe. Dass der Geist noch mehr Klarheit hat. Ja, dass du weiter erblühst, wie die Rose, die die Menschen anschauen wollen, die sie riechen wollen und die sie in ihre Wohnung stellen wollen, um sie immer anzuschauen.

Da entwickelst du dich hin mit deiner Einzigartigkeit, in die Gleichheit von Gott, in die gleiche Ebene.

Bis morgen!

17. Tag

Guten Morgen!

Leg mal deine Hand aufs Herz!

Hast du von Erfolgserlebnissen zu berichten? Schreibe sie dir auf.

Heute hat jemand gesagt: Wenn ein Kind im Mutterleib entsteht, entsteht der Mund aus dem Herzen. Der Mund entsteht aus dem Herzen.

Leg mal die Hand auf dein Herz.

Und atme mal tief ein ...

Konzentration ...

Verbindung aufnehmen ...

Konzentrier dich mal auf dein Herz ...

Und spür mal deinen inneren Körper ...

Heute ist ein ganz besonderer Tag ... heute wirst du direkt in den Himmel gehoben ... innerlich ... ja, du darfst spüren ...

Konzentriere dich wieder mal auf dein Gehirn ... Du kannst auch deine Hände nehmen und sie auf deinen Kopf legen ... und durchatmen ... und lass es wirken ... genau ...

Stell dir mal vor, dein Gehirn hat Bahnen gelegt. Aber dein Gehirn ist zu viel mehr in der Lage. Dein Gehirn hat Äste, die du jetzt schon aus den Gewohnheiten gelegt hast. Und dein Gehirn, jedes Mal, wenn du denkst, denkst du einen neuen Gedanken. Es ist unendlich mal möglich, dein Gehirn ist unendlich möglich.

Du kannst unendlich viele Bahnen legen. Wenn du den Gedanken denkst, kannst du den nächsten dranhängen und den nächsten und noch einen ...

Das nennt man auch Genie sein. Das ist das, was alle möglichen Erfindungen aktiviert hat, das heißt, dass wirklich jetzt das Neue kommt, denn nur so ist das möglich. Blockadenfrei. Die Energie fließt. Sei offen für den Kanal.

Und jetzt stell dir vor, wie ein helles Licht durch dein Gehirn strömt ...

Die Energie wird immer höher und höher und höher ...

Wir sprechen jetzt hier wieder von Wolke zu Wolke ... wir wissen darum, dass jeder Gedanke sofort erschafft ... Also komm jetzt mal ganz an bei dir ... bleib mal bei dir ... schließ, wenn möglich, deine Augen ...

Fühl in dich hinein ... spür dich ... raus aus dem Kopf ...

So überwindest du Strukturen, die in deinem Gehirn gelegt sind ...

Hand aufs Herz und fühl in dich hinein ...

Und jetzt stell dir vor, wie du mit Gott selbst Kontakt aufnimmst ...

Seine Gnade fließt in dich hinein ...

Der Körper ist das Produkt deiner Gedanken und die Idee Gottes ...

Du bist ein Gedanke Gottes ...

Und jetzt bleib mal in diesem Zustand und mach deine Augen auf und schau auf dich ... schau dich an ...

Stell dir vor, dass du in deine Augen schaust ... ja du schaust in deine Augen und du siehst dich mit Gottes Augen ...

Du bist in diesem Körper ... ein Wesen, das ganz viel empfangen will und kann ... du bist in deinem Körper die Seele, die erfüllt ist mit Gottes Liebe ...

Und dieser Körper trägt dich an Orte, wo du sein sollst, wo du sein sollst ... verbunden mit der Liebe Gottes ...

Oft sind Worte überflüssig ... fühl in dich ... deinen Körper ... das ist alles!

Jetzt spüre in dein Herz! Jedes Wort erschafft! Beobachte, was du denkst! Oder fühlst du schon nur? Fühl mal dich selbst, deinen Körper und überwinde all das, was jetzt in deinem Geist sich zeigt. Wie ein Kinofilm. Wir etablieren jetzt für dich, dass du aus deinen Augen – wenn du sie öffnest für dich – erkennst, als die Seele in diesem Körper. Was siehst du, wenn du dich selbst anschaust, wenn du dich in den ‚Ich-bin-Botschaften' zeigst?

Sprich deine ‚Ich-bin-Botschaften' weiter. Deine Seele ist sehr mächtig und schau dich mal an! Der Körper ist nur die Form von diesem Inneren und der Körper trägt dich dahin, wo du hin sollst, wo du scheinen sollst, wo du real sein darfst – nicht nur in Gedanken.

Fühle dich in Sicherheit und bleib mal in dir. Das ist der Seins-Zustand, der jetzt in diesem Augenblick zu jedem strahlt. Das ist der Augenblick, wo du heilst und die Welt heilst, weil du nichts sagst und nichts denkst. Du bist einfach da! Und wenn du sprichst, sprich aus deinem Herzen. Sprich deine Gefühle und deine Gedanken aus, die aus deinem Herzen kommen und manifestiere weiter dein Leben, das du haben möchtest. Du veränderst damit die Materie.

Gott weiß die Zeit. Es kann sein, dass du übermorgen auf die Straße gehst und jemanden triffst und der schenkt dir eine Million. Das weißt du nicht, wie Gott das macht. Es können Wunder geschehen.

Und schreib mal auf, wie es dir in diesem Moment geht: Bist du dir bewusst, dass du in deinem Körper ein Wesen bist, eine Seele, die hier wirken darf?

Wir nutzen die Bibel, das ist die größte Waffe. Genauso hat Gandhi das gemacht, genau das meint er damit: Wenn die Christen wüssten, was sie da für ein Buch haben. Du bist dir bewusst und das spüren sie, und das werden sie bei jedem von uns spüren. Dieses Zuversichtliche, dieses Starke, sich Aufbauende und Ausbauende: Das spüren die Kunden, das spüren sie und danach entscheiden sie dann, wie auch immer das Gott führt. Du kannst ganz entspannt sein, es gibt für jeden genug. Keine Gedanken haben, einfach in dein Herz fühlen, ganz leicht.

Das, was Hochsensible oft haben, ist dass sie die Gefühle der anderen spüren – das haben Propheten auch. Also Propheten und Seher machen das dann so, dass sie das dann spüren, ja – die gehen in Gottes Liebe – und wenn ihr dann in Gruppen geht, dann fühlt ihr euch sofort unwohl und dann macht man das eigentlich so, dass man betet. Für den anderen. Beten ist nicht bitten, sondern die Sehnsucht der Seele, mit dem Herzen.

Das ist die Wahrheit. Wir haben den Heiligen Raum. Der Heilige Raum ist da. Hier darfst du sein und hier darfst du fliegen und in deinem Gehirn für Ordnung sorgen.

Wer oder was bist du ohne Gedanken und ohne Geschichten?

In diesem Ort etabliert es sich, dass du alles überwindest.

Ich sehe jetzt, wie in dein Gehirn ein helles gelbes Licht fließt … es fließt dort hinein …

Das ist die Wahrheit. In dem Zustand verändern wir die Welt. In der Stille ist Gott am lautesten.

Jetzt stell dir mal vor. Frag Gott doch jetzt mal deine Frage. Frag mal Gott oder spür mal in dich. Was sagt Gott, wie viel Geld möchte er dir zukommen lassen? Wie viel Geld möchtest du empfangen? Wie viel Liebe von Gott, in Form von Geld?

Bist du bereit zu empfangen? Es geht immer darum, wie bereit du bist zu empfangen? Du hast alles, was du brauchst, um den nächsten Schritt zu gehen. Und das Schöne ist: Du machst das auch für dich. Du hast den roten Faden.

Die Frage ist: Wie viel ist deine Seele bereit zu empfangen? Das ist echt so. So sind auch die Billionen bei mir entstanden. Ich habe immer gesagt: Wieso Millionen? Das langweilt mich. Ich hab immer gesagt: Ich bin Billionärin! Genau, Trillionen … Und das aktiviert diese Energie und das spürt man auch, wenn man das liest. Dann hat das sofort einen ganz anderen Sog – bäm! Ich bin unbezahlbar.

Und jetzt stell dir bitte nochmal dein Gehirn vor: Du hast einen ganz kleinen minimalen Einblick – das bisherige Wissen ist nur minimal – da ist noch so viel mehr möglich. So viel mehr ist da noch möglich.

Und stell dir das vor, wie überwindest du immer wiederkehrende negative Gedanken? Hand aufs Herz. Wer oder was bin ich in Gott? Dann spür in dich und dann machst du die Augen auf, schaust dich an und nimmst wahr, dass du ein unendliches Wesen in diesem Körper bist. Ein unendliches Wesen. Wunderschön gemacht. Und jetzt ist die Zeit, wo alle aufwachen!

Zu was bist du alles in der Lage? Schreib dir das auf!

Ganz viel schreiben! Immer und überall ganz viel schreiben, damit sich das noch mehr sortiert in deinem Gehirn. Wenn du das selber siehst, so wie wir das gelernt haben. Das musst du auch deinen Kunden sagen: „Das Schreiben ist ganz, ganz wichtig!"

Dr. Leaf beschreibt das auch in ihrem Buch, warum es so wichtig ist, die Gedanken aufzuschreiben. Und das Gehirn ist das wichtige Organ, das aktiviert wird, so dass du dann losgehst. Das Unterbewusstsein ist mit deinem Gehirn verbunden, in dem Moment, wo du deine neuen Bahnen legst und immer wieder aufschreibst. „Wer bin ich als Millionär? Wie verhalte ich mich? Wie spreche ich? Wie wirke ich? Wie kleide ich mich?"

Und das schreibst du dir alles auf:

Ich kleide mich ...

Ich bin ...

Ich rede ...

Das schreibst du dir auf. Damit legst du die Bahnen im Gehirn. Das geht in dein Unterbewusstsein. Dein Unterbewusstsein aktiviert die Ausstrahlung und bewegt alle Menschen auf dich zu, die daran beteiligt sind. Und deswegen sind die Ausrichtungen morgens und abends mit den ‚Ich-bin-Botschaften' so wichtig für dich. Mach es weiter! Du veränderst damit. Und manchmal ist die Mauer um dich über die Jahre sehr hoch und hart geworden und das, was du freisetzt, ist schon auf dem Weg zu dir und in dem Moment wo du es unterbrichst, stoppst du es.

Sobald du denkst, aktivierst du es schon: Wie möchte ich es haben als Millionärin? Du schreibst dir das auf. Dann denkst du das und dann sind die ganzen elektrischen Schwingungen, die strahlst du aus und dein ganzes Universum bewegt sich auf dich zu oder ordnet das, was du brauchst, damit du das auch bekommst. Ja, weil das ist die niedrigste Schwingung, das Materielle. Es fängt immer in der hohen Schwingung im Geist an und deswegen: Schreib es dir auf. Schreib es dir unbedingt auf.

Ich danke dir von Herzen.

Leg nochmal die Hand aufs Herz und stell dir das Gehirn vor. Du bist ein Profi und du kannst alle Synapsen sofort verändern.

Denk ans Schreiben: Du veränderst so dein Unterbewusstsein und aktivierst es im Außen, die Moleküle setzen sich entsprechend um.

Deine Aufgabe: Schreiben, schreiben, schreiben.

Bis morgen!

18. Tag

Guten Morgen!

Hast du einen Satz, den du immer wieder bekommst?

Beispiel: „Terrorbarriere“ – in deinem Gehirn rebelliert etwas.

Ich wusste sofort, wenn ich negative Gedanken denke, dass mein ganzer Körper das spürt, weil ich weiß, dass das eine Frequenz ist, die in meinen Körper gesandt wird, und dadurch sind meine Zellen gefährdet!

Was habe ich gemacht? Ich habe sofort gebetet und meditiert und habe sofort alles aufgeschrieben. Ich habe mir alles aufgeschrieben mit dem Bewusstsein, dass ich damit meine Gehirnbahnen verändere. Das hat mich selbst begeistert, weil das ganz automatisch schon kam und ich wusste, ich gehe in das, was ich noch nicht habe. Das war für mich mega!

Wenn du von Systemen abhängig bist, damit du ernährt wirst, dann ist das sehr belastend und dann unterdrückst du natürlich auch deine Seele. Weil deine Seele kennt so etwas ja gar nicht, diese Strukturen, von denen du abhängig bist. Deine Seele hat ja ein Potenzial, dass du sofort MillionärIN sein könntest. Sofort!

Du bist vielleicht der Träger einer Erfindung und wenn du die auf den Markt bringst, bist du sofort MillionärIN. Wir wissen ja nicht, was in dir schlummert. Das ist für jeden von uns sehr wichtig zu erkennen. Und da wir massig programmiert sind, ist das ja auch die Sache, die das herausfordernd macht. Irgendwann stößt jeder Coach auch mal an seine Grenzen, weil ein Seher kann auch nur so viel helfen, wie der Klient, die Seele, mitmacht. Nur so kann er helfen und nicht anders. Und die Frage ist auch: Was ist dir wichtig? Wofür gehst du?

Und wenn du es festhältst, dann stockt es. Ich habe jetzt eine Klientin gehabt, die hat jetzt auch festgehalten an dem Geld, aber als sie dann losgelassen hat, hat sie doch Energie freigesetzt.

Ich funktioniere doch auch mit Geld. Warum? Weil ich leben will. Warum? Weil ich Gottes Mission hier auf die Erde bringen will für uns, darum geht's. Und wenn du das unterdrückst, schreit deine Seele und sie will da raus und darum machen wir das hier alles, damit ihr da raus kommt.

Und dazu braucht ihr Erkenntnisse. Die Erkenntnis macht euch frei!

So steht es geschrieben. Und ich weiß, dass viele schon Programme gemacht haben bei anderen Coaches und ich sage euch mal, was in der Bibel steht: Wenn du den Pakt mit jemandem machst, was Schulden angeht, dann hat der immer ein Anrecht auf dich. Das heißt, du bist immer in dieser Energie verbunden. Das ist das totale Chaos. Und deswegen ist es so wichtig, dass du dir genau überlegst, mit wem du zusammen bist.

So hart wie sich das anhört. Das ist deine Rettung. Damit rettest du deine Seele. Dass sie hier zum totalen Vorschein kommt.

Du darfst mit deinem Partner auch darüber reden. Du darfst das weiter geben, was das mit dir macht. Und je nach Schweregrad, wie er natürlich belastet ist mit seinen Gedankenstrukturen. Dafür gibt es auch das Bild von Maria Magdalena, die von

7 Dämonen befreit wurde. Das ist das Bild: Jesus Christus und Maria Magdalena.

Es ist alles hier einprogrammiert und wer oder was bist du ohne Geschichten?

Dann spür mal die Leichtigkeit mit dem Bewusstsein, dass alles aus deinen Gedanken entsteht. Deine Gedanken von gestern sind dein JETZT und das, was du morgen bist, entscheiden deine Gedanken, die du jetzt hast. Und dir wünsche ich – jedem Einzelnen, der das liest – dass er Gottes Gedanken denkt. Erbauend, ermutigend, erschaffend, in dir ruhend.

Mit dem Wissen, dass er hier auf der Erde ist, um ein neues Reich zu bauen, um die neue Welt zu bauen. Um aus diesem Bewusstsein zu leben, zu handeln, Geld zu empfangen und Geld weiterzugeben.

Du bist die Ruhe im Sturm, weil du der Sturm bist. Wir sind immer alles. Und das ist die Verantwortung übernehmen. Die Verantwortung übernehmen, dass du weißt, dass du alles bist. Du bist alles. Alles, alles, alles.

Es ist immer nur die Frage, in welcher Frequenz. Und manchmal ist es gut, seine Sachen zu packen und komplett wegzugehen. Wenn du spürst, dass deine Seele sich nicht entwickeln kann. Du erfährst Wunder über Wunder, weil du frei bist, weil du frei wirst. Du wirst immer Essen haben. Und in Deutschland haben wir immer ein Dach über dem Kopf. Ich glaube das. Ich setz das jetzt frei. Ok.

Für mich war das jetzt nochmal wichtig mit weggehen. Also, ich kann das auch von mir sagen, aus meiner Erfahrung mit Menschen und in meiner Entwicklung ... Deutschland ist mega schwer.

Gehe an Orte, wo die Energie hoch ist. Also ich reise jetzt auch weiter und ich bin in ganz anderer Verfassung, wenn ich am Bodensee bin, als wenn ich jetzt z. B. in Norddeutschland bin. Das kann ich eine Zeit lang aushalten und dann gehe ich wieder ... ich gehe dann weiter. Ich bin im Prinzip auch auf Weltreise.

Ich habe Jesus mal gefragt und er hat gesagt – und das steht auch im Wort so – es gibt kein Zuhause hier auf der Erde. Mein Zuhause ist in mir. Mit dem Bewusstsein, dass ich mir mein Zuhause erschaffe.

Zypern ... Da war ich schon. Da ist es sehr schön. Da sind wir auch dran. Am Chiemsee ist mega, weil da denkt ja auch kein Mensch. Und was haben wir gelernt: Gedanken sind elektrische Impulse und in Aschau war das so, dass die Leute, die zu mir gekommen sind, Urlaub gemacht haben. Deswegen habe ich mich da wohl gefühlt, weil die haben nicht gedacht. Die haben im Prinzip alles vor der Tür gelassen.

In Deutschland sind wir auf der einen Seite sehr abgesichert, auf der anderen Seite macht uns das sehr bequem.

Alles fängt immer mit dir an. Was du für dich entscheidest in dir! Und jeder hat auch einen anderen Weg. Es geht immer darum, zu wissen, wer du in Gott bist. Du wirst immer für dich diese Übung machen: Wer bist du? Wo stehst du?

Der Geist ist immer derselbe! Weißt du, wofür du auf der Erde bist? Was ist deine größte Mission? Was glaubst du, wozu du hier auf der Erde bist? Kannst du das beantworten?

Wir können morgen nochmal eine Meditation machen! Fülle und Freude ist Gott! Du bringst sie zurück zu ihrem Ursprung. Darum geht's.

Du musst nicht mehr suchen. Stell dich dem jetzt, keiner braucht mehr suchen. Du wirst jetzt in die Tiefe geführt und von hier aus geht es jetzt weiter.

Wir lösen die Programme, das geht jetzt ganz schnell! Alte Programme im Gehirn weg!

Ich danke dir von Herzen, alles ist gut!

Bleib dran, bis morgen!

19. Tag

Guten Morgen!

Ich fasse jetzt nochmal kurz zusammen: Du hast bisher getanzt und du hast erkannt, wie wichtig es ist, deinen Körper mit einzubeziehen, weil der Körper dich jetzt hier auf der Erde trägt. Dein Körper trägt dich! Du bist in deinem Körper. Du und dein Körper, ihr seid eins.

Ich habe dir dieses Buch ‚Wer hat mein Gehirn ausgeschaltet?' von Dr. Leaf empfohlen, dann haben wir das Buch die ‚Wissenschaft des Reichwerdens' und wir haben die Bibel natürlich, weil wir ja mit Jesus Christus verbunden sind. Er, der der Coach ist, er heilt, er bringt die Wahrheit, er ist die High Frequency. Er ist der Heiler, er ist der, der dich heilt. Und wenn du mit ihm verbunden bist, weißt du, wie das ganze Universum funktioniert. So ist das! Es ist so! Es ist ganz einfach! Es kann über Nacht sofort anders sein.

Tote sind auferstanden, Menschen aus Rollstühlen aufgestanden, weil die Selbstheilungskräfte, diese hohe Energie, aktiv ist. Du hast jetzt die Tage eine Energie bekommen, da geht's nicht nur um die Worte, es geht ja auch um das, was du dadurch umsetzen kannst.

Und es gibt Fragen: Wo hänge ich noch? Wieso komme ich nicht weiter?

Es geht immer darum, dass du den Impulsen folgen musst!

Ich habe das schon sehr oft erlebt! Ich habe schon mehrere Male meine Sachen gepackt und bin in ein anderes Land gegangen. Ich weiß noch, wie sehr ich aufgeregt war und heute Morgen habe ich noch gehört: Stell dir vor, du bist ein Kind und du fängst gerade an zu laufen und du weißt doch gar nicht, was kommt. Und genau mit dieser Einstellung darfst du leben: Du weißt noch gar nicht, was im nächsten Moment kommt! Wie die Energie sich dir zeigt, die du aussprichst, die du haben möchtest in deinem Leben.

Wenn du sehen könntest, was jeder Mensch denkt, was in der Atmosphäre los ist, dir würde schlecht werden. Du könntest das nicht aushalten. Jeder Gedanke ist eine elektrische Schwingung und stellt euch mal vor, alle Menschen würden plötzlich in diesen Frieden kommen. Leg mal deine Hand auf dein Herz!

Und spüre dich mal in dir ...

Stell dir vor, jeder Mensch auf der ganzen Welt würde, bevor er spricht, erst mal in sich ankommen ... spüren ... und nur das sagen, was aus dem Herzen kommt ...

Und wenn er überhaupt spricht, was Gott selbst sagen würde ...

Die Bibel ist das Feld der Unendlichkeit ...

Die Bibel hilft deinem Inneren, dich zu fokussieren, dich auf einen Menschen zu konzentrieren, der hier auf der Erde war und der gezeigt hat, wie Manifestieren funktioniert ...

Der gezeigt hat, wie wir lieben dürfen. Der gezeigt hat, wer Gott wirklich ist. Der hilft, Rituale und Abhängigkeiten aufzulösen. Die Maria Magdalena, die 7 Dämonen hatte, und Jesus sie davon befreit hat und sie nie wieder von ihm gehen wollte. Die ihn versorgt hat, die ihn mit Geld versorgt hat.

Was ist deine Mission hier auf der Erde? Du hast deine ganz eigene Art und Weise, wie du das den Menschen weitergeben wirst. Manchmal braucht es noch Selbstordnung für dich!

Und ich möchte jetzt von dir hören, ob du ein JA gibst, dass das Wesentliche ist, dass du noch mehr lernst, damit du noch mehr verinnerlichst, mehr erkennst, noch tiefer gehst, vor allem für dich selbst. Dass du die ganzen Barrieren, dass du sie wegnimmst, indem du erkennst. Dass du immer wieder zwischendurch in deinen inneren Frieden gehst, in dem du dich ausruhst. Mit Ausruhen ist gemeint, dass du das Denken abschaltest.

Was ist, wenn du Worte von Gott hörst, weil du dir nicht sicher bist und einfach mal die Bibel aufschlägst. Ich lese zum Beispiel Reichtum und Nachfolge (Markus 10, 17-22): Und als er hinaus ging auf den Weg, lief einer herbei, kniete vor ihm nieder und fragte ihn: „Guter Meister, was soll ich tun, damit ich das ewige Leben ererbe?“ Und Jesus sprach zu ihm: „Was nennst du mich gut? Niemand ist gut als der eine Gott. Du kennst die Gebote: Du sollst nicht töten, du sollst nicht Ehe brechen, du sollst nicht stehlen, du sollst nicht falsches Zeugnis reden, du sollst niemanden berauben, du sollst deinen Vater und deine Mutter ehren.“ Er aber sprach zu ihm: „Meister, das habe ich alles gehalten von meiner Jugend auf.“ Und Jesus sah in an und gewann ihn lieb und sprach zu ihm: „Eines fehlt dir! Gehe hin, verkaufe alles, was du hast und gib es den Armen. So wirst du einen Schatz im Himmel haben und komm, folge mir nach!“ Er wurde aber betrübt über das Wort und ging traurig davon, denn er hatte viele Güter.

Was soll uns das sagen? Jesus sah ihn an und gewann ihn lieb und sprach zu ihm. Eines fehlt dir: Gehe hin, verkaufe alles, was du hast und gib es den Armen. So wirst du einen Schatz im Himmel haben. Und komm, folge mir nach!

Der ist interpretiert worden „Komm folge mir nach", wenn ich das jetzt lese bedeutet es, dass ich aus der Perspektive des Himmels lebe. Das ist das Gesetz der Anziehung für mich, weil ich weiß, dass Jesus jetzt in der Ewigkeit ist und ich alles hinter mir gelassen habe und ihm nachgefolgt bin. Und aus dieser Ebene baue ich mir das Neue. Ich setze neue Gehirnbahnen, indem ich Neues tue, neu spreche, mich neu verhalte und mich neu umgebe mit Menschen, die mir gut tun. Und ich lasse alles Alte hinter mir. Das ist das Bild. Wenn du negative Gedanken bekommst, lass das hinter dir! Gehe in den Augenblick. Spüre in dein Herz und lass uns jetzt die Meditation machen!

Und stell dir wieder vor, wie du über eine Brücke gehst ...

Ja, du gehst auf eine Wiese zu ... mit einem schmalen Weg ...

Du schaust dich um ...

Und gehst über diesen Weg auf die Tür eines Schlosses zu ...

Du gehst hinein und du siehst dich plötzlich in deiner höchsten Mission ...

Wo bist du? In deiner höchsten Mission ... Schau wo du bist ...

Schau dich um ... wo bist du ... wenn du durch diese Tür gehst in deine höchste Mission ...

Wenn du da bist ... schau dich um ... und es kommt jemand zu dir ... du fragst ihn ... warum bist du hier bei mir?

Warum bist du bei mir?

Genau ...

Genieß das noch ... wo du dort bist ... in diesem Raum ... was sich dir zeigt ...

Nimm das jetzt mit ...

Genau ...

Und geh wieder aus dieser Tür ... auf diesen schmalen Weg ... durch die Wiese zu der Brücke ... und geh wieder über die Brücke ...

Und komm wieder hierher mit dem Wissen, dass diese Tür in dir ist ... Immer.

Alle Geheimnisse von deinem inneren Wesen sind hier ... in dir ...

Hast du was gesehen und gehört?

Magst du es aufschreiben? Wie geht es dir jetzt?

Du hast ja wieder ein Werkzeug, was du einsetzen kannst, auf deine Art und Weise, so wie du es umsetzen kannst. So, wie du es für dich lernen kannst. So, wie du es einsetzen kannst. Du kannst diese ganzen Stichwörter als Informationen nutzen, einen Menschen zu informieren. Du kannst meditieren mit ihm, ja? Du kannst ihm helfen, seine innere Stimme besser zu verstehen, sich selber besser zu erkennen. Da möchte ich dich einladen, dass du das in deinem Leben umsetzt. Du bist ganz wertvoll, sehr wertvoll. Jeder Mensch wird von dir entfacht, egal wo du bist. Ich danke dir von Herzen, dass du jetzt so tapfer warst und immer dabei warst.

Das ist die Wahrheit. So ist die Wahrheit. Die Wahrheit macht dich frei. In allen Bereichen. In allen Bereichen deines Lebens.

Der Weg führt zum großen Ziel. Der Weg ist der, den wir gehen in die Vision. Und wir folgen den Impulsen. Wenn du denken kannst, bist du. Und es geht darum, dass du den Weg voran gehst. Mit allem, was du hast, mit allem, was du bist, mit allem, was du weißt. Mit aller Weisheit. Und du erleuchtest die Wege der Menschen.

Bis morgen!

20. Tag

Heute ist der 20. Tag!

Wenn du intensiv mitgearbeitet hast, sind deine Gedankenstrukturen und Nervenbahnen jetzt schon neu gelegt. Heute kannst du dir noch einmal aus den vorherigen Tagen Fragen und Meditationen anschauen und/oder deine 3 Perlen aufschreiben.

Arbeite weiter regelmäßig daran und öffne dein Herz für den Christus in dir.

Bis morgen!

21. Tag

Die 21 Tage sind jetzt vorbei, zumindest hier im Buch, aber im Geist sind wir zusammen und wir sehen uns, wenn du möchtest live.

Glaub an deine Visionen und gehe in ihre Existenz.

Alles was du siehst, wird durch deine Gedanken gesteuert. Alles!

Glaub an deine große Mission, die du hier auf der Welt hast. Wie auch immer es kommen mag. Das wird der Weg zeigen. Der Weg wird dir zeigen, was du dir manifestiert hast.

Weil du sendest deine Energie aus und dann gehst du in die Welt und die Welt spiegelt dir deine Energie. Das, was du vorbereitet hast.

Ich danke dir vom Herzen und freue mich auf das, was jetzt der nächste Schritt sein wird. Mal sehen, was jetzt aus der Schatztruhe hervorkommt.

Du kannst dir das immer wieder anschauen mit den Meditationen, mit der Energie, für dich, um das nochmal klarer zu sehen, wie ich das auf meine Art mache, wie du das für dich einbauen kannst. Alles ist möglich für den, der da glaubt! Du kannst es auch online als Live buchen, wenn du möchtest.

Ich wünsche dir einen wunderschönen Tag!

Es ist ja erst der Anfang und es hört nie wieder auf!

Bis dann!

Deine

Simone Magdalena Lulis

Dein Liebesbrief von Gott

Mein Kind,

Ich kenne dich ganz genau, selbst wenn du mich vielleicht noch nicht kennst.
Psalm 139,1

Ich weiß, wann du aufstehst und wann du schlafen gehst.
Psalm 139,2

Ich kenne alle deine Wege.
Psalm 139,3

Ich habe alle Haare auf deinem Kopf gezählt.
Matthäus 10,30

Ich habe dich nach meinem Bild geschaffen.
1. Mose 1,27

Durch mich lebst und existierst du.
Apostelgeschichte 17,28

Du bist mein Kind.
Apostelgeschichte 17,28

Ich kannte dich schon, bevor du geboren wurdest.
Jeremia 1,5

Ich habe dich berufen, als ich die Schöpfung geplant habe.
Epheser 1,11

Du warst kein Unfall. Ich habe jeden einzelnen Tag deines Lebens in mein Buch geschrieben.
Psalm 139,15-16

Ich habe den Zeitpunkt und den Ort deiner Geburt bestimmt und mir überlegt, wo du leben würdest.
Apostelgeschichte 17,26

Ich habe dich auf erstaunliche und wunderbare Weise geschaffen.
Psalm 139,14

Ich habe dich im Leib deiner Mutter kunstvoll gestaltet.
Psalm 139,13

Ich habe dich am Tag deiner Geburt hervorgerufen.
Psalm 71,6

Ich lasse dich nicht im Stich, nie wende ich mich von dir ab.
Hebräer 13,5

Ich bin nicht weit weg von dir oder zornig auf dich. Ich bin die Liebe in dir.
1. Johannes 4,16

Ich wünsche mir nichts sehnlicher, als dir meine Liebe verschwenderisch zu schenken.
1. Johannes 3,1

Ich biete dir mehr an, als ein Vater auf der Erde es je könnte.
Lukas 11,13

Ich bin der vollkommene Vater.
Matthäus 5,48

Alle guten Dinge, die du empfängst, kommen von mir.
Jakobus 1,17

Ich stille alle deine Bedürfnisse und sorge für dich.
Matthäus 6,31-33

Ich habe Pläne für dich, die voller Zukunft und Hoffnung sind.
Jeremia 29,11

Ich liebe dich mit einer Liebe, die nie aufhören wird.
Jeremia 31,3

Meine guten Gedanken über dich sind so zahlreich wie der Sand am Meeresstrand.
Jeremia 29,11

Ich freue mich so sehr über dich, dass ich nur jubeln kann.
Zephanja 3,17

Ich werde nie aufhören, dir Gutes zu tun.
Jeremia 32,40

Du bist für mich ein kostbarer Schatz.
2. Mose 19,5

Ich wünsche mir zutiefst, dich fest zu gründen und deinem Leben Halt zu geben.
Jeremia 32,41

CHINA
Van Gogh

Autorenprofil
Simone Magdalena Lulis

Simone Daniela Magdalena Lulis, sie ist hier, um die Liebe von Jesus durch ihr Herz fließen zu lassen und der Welt die Wahrheit zu bringen, das Trauma der Kirche aufzulösen und den Heiligen Geist aus sich wirken zu lassen.

Ihr Weg hat sie immer tiefer in das Gottvertrauen geführt und die vielen Schicksalsschläge haben sie in ihre Identität in Gott gebracht. Sie hat den Ruf, die Menschen im Geist zu lehren.

Durch ihre Bücher löst sie eine Revolution aus und hilft Frauen und Männern zurück in das Urvertrauen. Sie hilft den Menschen, ihre wahre Berufung zu leben und frei zu werden.

Quellenverzeichnis

- Hoffnung für alle (Bibelverse)
- Wer hat mein Gehirn ausgeschaltet? – Dr. Caroline Leaf
- The Work – Byron Katie

Haftungsausschluss

Die Umsetzung aller enthaltenen Informationen, Anleitungen und Strategien dieses Buches erfolgt auf eigenes Risiko. Für etwaige Schäden jeglicher Art können weder die Autorin noch der Verlag aus keinem Rechtsgrund eine Haftung übernehmen. Für Schäden materieller oder ideeller Art, die durch die Nutzung oder Nichtnutzung der Informationen bzw. durch die Nutzung fehlerhafter und/oder unvollständiger Informationen verursacht wurden, sind Haftungsansprüche gegen die Autorin oder den Verlag grundsätzlich ausgeschlossen. Ausgeschlossen sind daher auch jegliche Rechts- und Schadensersatzansprüche. Dieses Werk wurde mit größter Sorgfalt nach bestem Wissen und Gewissen erarbeitet und niedergeschrieben. Für die Aktualität, Vollständigkeit und Qualität der Informationen übernimmt die Autorin jedoch keinerlei Gewähr. Auch können Druckfehler und Falschinformationen nicht vollständig ausgeschlossen werden. Für fehlerhafte Angaben der Autorin kann keine juristische Verantwortung sowie Haftung in irgendeiner Form übernommen werden.

Aus dem Verlagsprogramm

www.loewenstern-verlag.de

Torben Zahradnicky (Hrsg.)
Main Europa
Prämierte Beiträge des Wettbewerbs „Hanau schreibt ein Buch“

Kurzgeschichten über die Gegenwart und Zukunft der EU, Gedichte über Krieg und Frieden und das kulturelle Europa. Erfahrungsberichte von dem Traum „Europa“ nach dem zweiten Weltkrieg sowie nach einer Flucht.

ePUB-Ausgabe: 10,00 Euro
Print-Ausgabe: 15,00 Euro

Caroline Steiner
am Ende. beginnen –
auf dem Pilgerweg von Irún nach Santiago

Nach einem Schicksalsschlag begibt sich die Autorin auf ihren Weg in ein neues Leben. Nicht zuletzt ihre Bereitschaft, sich zu freuen und wieder zu lachen, machen dieses Buch zu einer ungewöhnlich spannenden und berührenden Lektüre.
ePUB-Ausgabe: 9,90 Euro
Print-Ausgabe: 19,99 Euro

Aus dem Verlagsprogramm

www.loewenstern-verlag.de

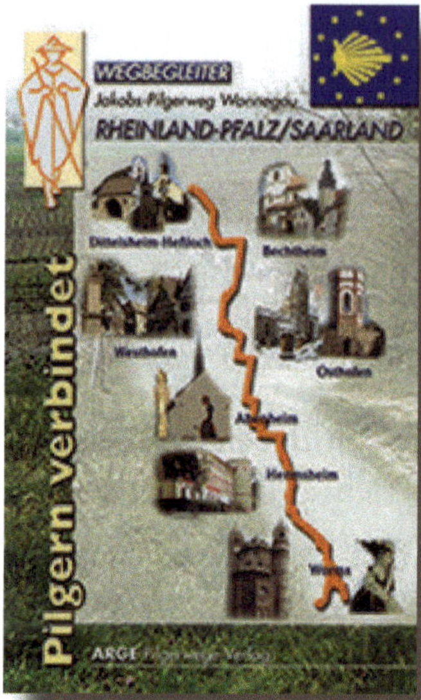

Hans Lipp

Jakobspilgerweg Wonnegau. Von Dittelsheim nach Worms

Genaue Karten der einzelnen Wegabschnitte, informative Texte zu Landschaft, Geschichte, Architektur, Menschen und Gemeinden der Region, Übernachtungsmöglichkeiten, Essen & Trinken, Pilgerpass mit genauer Beschreibung, wo Sie die Pilgerstempel finden können.

Print-Ausgabe 6,50 Euro

Hans Lipp

Jakobspilgerweg Zellertal. Von Worms nach Standenbühl

Genaue Karten der einzelnen Wegabschnitte und Alternativrouten. Informative Texte zu Landschaft, Geschichte, Architektur, Menschen und Gemeinden der Region. Ansprechende Panoramafotos, die Sie einladen, die Gegend persönlich zu erkunden. Historische Hintergrundberichte.

Apple iBooks: 5,49 Euro

Aus dem Verlagsprogramm

www.loewenstern-verlag.de

Dr. Peter Brinnel

TTIP & Co. –
Freihandel und Demokratie

Ist unsere Demokratie in Gefahr, ausgehöhlt zu werden? Wird unser Rechtssystem durch TTIP & Co. umgangen? Zahlt der Steuerzahler die Zeche für Schiedsgerichtsurteile? Was hat es mit der „Rechtsabtretungssteuer" auf sich?

Apple iBooks: 8,99 Euro
Amazon Kindle: 7,04 Euro

Dr. Peter Brinnel

Geheime Begleiter der Freihandelsabkommen –
Investitionsschutz als Werkzeug zum Umverteilen von Geld und Schulden

Das Buch beschreibt die Entwicklung des Freihandels, zeigt die Wirkung von Investitionsschutz auf und erläutert die gesellschaftlich-politische Dimension der Abkommen.

Apple iBooks: 8,99 Euro
Amazon: 7,26 Euro

Aus dem Verlagsprogramm

www.loewenstern-verlag.de

Hans-Peter Schwenger /
Dr. Barbara Wieland
Frankfurter Bethmännchen – Genuss mit Tradition

Hier finden Sie das Ergebnis jahrelanger Erfahrung des Bäckermeisters Hans-Peter Schwenger mit der Herstellung von Bethmännchen und zeigt Ihnen die Version, die in Frankfurt am Main seit Jahrhunderten Tradition hat.
Übrigens: Wussten Sie, was die Alten Ägypter und Hildegard von Bingen mit unserem Weihnachtsgebäck zu tun haben?

ePUB-Ausgabe:	8,49 Euro
Print-Ausgabe:	15,00 Euro

Raphaela Wettach /
Renate Wettach
Die Königin und die Spinne

Dieses Buch unterscheidet sich von „normalen" Kinderbüchern (für 4- bis 8-Jährige) dadurch, dass sich auch die Erwachsenen beim Vorlesen nicht langweilen. Dieses Buch hat das Potenzial, Ihr Lieblings-Vorlesebuch zu werden!

Print-Ausgabe:	11,95 Euro
ePUB-Ausgabe:	4,99 Euro
Apple iBooks:	4,99 Euro

Aus dem Verlagsprogramm

www.loewenstern-verlag.de

Renate Wettach
Mobbing für Fortgeschrittene
Wie Sie Ihr Leben wieder in den Griff bekommen

Betroffene finden in diesem Buch Orientierung und Hilfestellung, damit sie nicht im Gefühlschaos versinken. Jeder kann es lernen, sich „am eigenen Schopf" aus dem „Sumpf" zu ziehen!

ePUB-Ausgabe: 12,00 Euro
Print-Ausgabe: 19,99 Euro

Markus Keßler
Luftschlösser ade,
willkommen in Ihrer
Traumgegenwart

Ein Buch aus der Praxis, das leicht verständlich die Geheimnisse eigener und fremder Kommunikationsmuster und Verhaltensweisen aufdeckt und entschlüsselt.

ePUB-Ausgabe: 7,90 Euro
Print-Ausgabe: 9,90 Euro

Aus dem Verlagsprogramm

www.loewenstern-verlag.de

Dr. Peter Brinnel

Diktatur der Spekulanten – Wie durch Profitsucht aus Recht ein Unrechtssystem wird

Lesen Sie, wie ganze Volkswirtschaften von wenigen Spekulanten zur Kasse gebeten werden. Die Umverteilung der Vermögenswerte als lukratives Geschäftsmodell hat bereits begonnen!

Apple iBooks: 8,99 Euro
Amazon Kindle: 7,97 Euro

Dr. Peter Brinnel

Kapital ist mehr als Ziffern und Geld – Wie das wertvollste Kapital in der Bilanz dargestellt wird

Wie lassen sich die Tätigkeiten der Mitarbeiter, die oft als das wertvollste Kapital eines Unternehmens bezeichnet werden, als Aktivposten in der Bilanz abbilden?

Apple iBooks: 3,99 Euro
Amazon (ePUB): 3,63 Euro

Aus dem Verlagsprogramm

www.loewenstern-verlag.de

Torben Zahradnicky
Licht tötet Schatten – Gedichte fürBefreiung, Veränderung, ewiges Leben

Der Autor führt Sie in eine Welt, in der das Licht den Schatten tötet, in der Hass in Liebe umgewandelt wird, und in der Trauer und Schmerz in Freude verwandelt wird.

Print-Ausgabe: 15,00 Euro
ePUB-Ausgabe: 8,49 Euro

Hinweis: Der „LöwenStern Verlag" hieß vor 2018 „Pilgerwege Verlag".

Aus dem Verlagsprogramm

www.loewenstern-verlag.de/magdalena

Simone Magdalena Lulis (Hrsg.)
Magdalena Magazine

Die Zeitschrift "Magdalena" ist das Coaching-Magazine für deine persönliche und spirituelle Entwicklung. Die Autorinnen und Autoren der Magdalenabewegung erzählen aus ihrem Leben und von ihren Erfahrungen mit Veränderung und Aufbruch aus Bevormundung und Abhängigkeiten.

Abo (PDF-Ausgabe):	60,00 Euro pro Jahr (inkl. MwSt.)
Einzelheft (PDF-Ausgabe):	21,00 Euro einmalig (ink. MwSt.)